Querido(a) leitor(a):

Espero que você se cure de todas as coisas sobre as quais não fala…

Boa leitura!

“Recomendo a leitura do escritor Osmar Barbosa; ele consegue nos transmitir ensinamentos espíritas de forma simples e objetiva. Traduz, através das linhas escritas, ensinamentos fundamentais para quem deseja saber um pouco mais sobre a vida nos planos espirituais e, tudo isso, em uma linguagem compreensiva a todos aqueles que necessitam de conforto e que desejam modificar suas vidas aprendendo a se tornar um Ser melhor.

Leiam os livros psicografados por ele!

Uma leitora…”

pelo Espírito NINA BRESTONINI

Vencendo a DEPRESSÃO

Orientações Espirituais

Book Espírita Editora

1ª Edição

| Rio de Janeiro | 2024 |

OSMAR BARBOSA

BOOK ESPÍRITA EDITORA

Capa
Marco Mancen

Projeto Gráfico / Diagramação
Mancen Editorial

Imagen capa
Arte digital Marco Mancen

Revisão
Iara Zanardo

Marketing e Comercial
Michelle Santos

Pedidos de Livros e Contato Editorial
comercial@bookespirita.com.br

Região Oceânica, Niterói,
Rio de Janeiro.

1ª edição
Prefixo Editorial: 991053
Impresso no Brasil

Dados Internacionais de Catalogação na Publicação (CIP)
(Câmara Brasileira do Livro, SP, Brasil)

Brestonini, Nina
Vecendo a depressão : orientações espirituais / Nina Brestonini. -- 1. ed. -- Niterói, RJ : Osmar B Santos, 2024.

ISBN 978-65-89628-53-8

1. Depressão mental 2. Depressão 3. Espiritismo 4. Mediunidade - Doutrina espírita 5. Orientação espiritual I. Título.

24-225826 CDD-133.9

Índices para catálogo sistemático:

1. Depressão : Orientações espirituais : Espiritismo 133.9

Aline Graziele Benitez - Bibliotecária - CRB-1/3129

Outros livros psicografados por Osmar Barbosa

Compre em:

www.compralivro.com.br

1. *Cinco Dias no Umbral*
2. *Gitano - As Vidas do Cigano Rodrigo*
3. *O Guardião da Luz*
4. *Orai & Vigiai*
5. *Colônia Espiritual Amor e Caridade*
6. *Ondas da Vida*
7. *Antes que a Morte nos Separe*
8. *Além do Ser - A História de um Suicida*
9. *A Batalha dos Iluminados*
10. *Joana D'Arc - O Amor Venceu*
11. *Eu Sou Exu*
12. *500 Almas*
13. *Cinco Dias no Umbral - O Resgate*
14. *Entre nossas Vidas*
15. *O Amanhã nos Pertence*
16. *O Lado Azul da Vida*
17. *Mãe,Voltei!*
18. *Depois*
19. *O Lado Oculto da Vida*
20. *Entrevista com Espíritos - Os Bastidores do Centro Espírita*
21. *Colônia Espiritual Amor e Caridade - Dias de Luz*
22. *O Médico de Deus*
23. *Amigo Fiel*
24. *Impuros - A Legião de Exus*
25. *Vinde à Mim*
26. *Autismo - A escolha de Nicolas*
27. *Umbanda para Iniciantes*
28. *Parafraseando Chico Xavier*

29. *Cinco Dias no Umbral – O Perdão*
30. *Acordei no Umbral*
31. *A Rosa do Cairo*
32. *Deixe-me Nascer*
33. *Obssessor*
34. *Regeneração - Uma Nova Era*
35. *Dica do Dia - Com Osmar Barbosa*
36. *Deametria - Hospital Espiritual Amor e Caridade*
37. *A Vida depois da Morte*
38. *Deametria - A Desobsessão Modernizada*
39. *O Suicídio de Ana*
40. *Cinco Dias no Umbral - O Limite*
41. *Guardião - Exu*
42. *Colônia Espiritual Laços Eternos*
43. *Despertando o Espiritual*
44. *Por que Você Morreu?*
45. *Aconteceu no Umbral*
46. *O Diário de um Suicida*
47. *Superior Tribunal Espiritual*
48. *Bem-vindo ao Umbral*
49. *O Diário de um Morto*
50. *Exilados do Planeta Terra*
51. *Um Espírita no Umbral*
52. *A Garota do Balão*
53. *O Outro Lado da Vida*
54. *Um Obsessor no Centro Espírita*
55. *Orientações do Além*
56. *Em Busca do Tempo Perdido*
57. *O Livro Proibido - Marabô*
58. *Depressão - A vida sem mim*
59. *Hospital Amor e Caridade - Obreiros do Bem*

O autor doou todos os direitos desta obra à Fraternidade Espírita Amor e Caridade.
www.hospitalamorecaridade.org

Conheça um pouco mais de Osmar Barbosa:
www.osmarbarbosa.com.br

Recomendamos a leitura dos
outros livros psicografados por
Osmar Barbosa para maior
familiarização com os Espíritos
que estão neste livro.

O Editor.

Agradecimentos

Agradeço primeiramente a Deus, por ter me concedido esse verdadeiro privilégio de servir humildemente como um mero instrumento dos planos superiores.

Agradeço a Jesus Cristo, espírito modelo, por guiar, conduzir e inspirar meus passos nesta desafiadora jornada terrena.

Agradeço à Nina Brestonini e aos demais espíritos, ao lado dos quais tive a honra e o privilégio de passar alguns dias psicografando este livro. Agradeço, ainda, pela oportunidade e por permitirem que estas humildes palavras, registradas neste livro, auxiliem as pessoas a refletirem sobre suas atitudes, evoluindo.

Agradeço também à minha família, pela cumplicidade, compreensão e dedicação. Sem vocês ao meu lado, me dando todo tipo de suporte, nada disso seria possível.

E agradeço a você, leitor amigo, que comprou este livro e que, com a sua colaboração, nos ajudará a levar a Doutrina Espírita e todos os seus benefícios e ensinamentos para mais e mais pessoas.

A todos, os meus mais sinceros agradecimentos.

Osmar Barbosa

"
A vida não se resume a esta vida!
"

Nina Brestonini

Sumário

“

O recomeço é um caminho com flores...

”

Helena

Prefácio

Após a psicografia do livro *Depressão – A Vida sem Mim*, que tive o privilégio de escrever ao lado de Nina e Helena, fui novamente procurado pela querida mentora espiritual para escrever esta obra.

Eu estava bem cansado naquele dia, mas, como sempre faço, não recuso nada diante do apelo dos meus mentores e procuro me dedicar a todas as oportunidades que tenho de levar a todos mais uma mensagem, e com este livro não foi diferente.

Se você, que comprou este livro, não é espírita ou nunca ouviu falar de Espiritismo, eu gostaria de passar algumas informações muito importantes antes de começar esta leitura.

Primeiro, é necessário que você creia que todos somos oriundos de uma fonte criadora, a qual chamamos Deus.

Ele é o pai e a mãe de todos os espíritos e o único responsável por toda a Criação.

Tudo isso, é resultado do amor de nosso Pai por todos os Seus filhos.

Sei que o que está vivendo neste momento é algo que você, mais do que ninguém, não está nem um pouco feliz por estar enfrentando todos os dias. Tenho certeza de que você quer se livrar de tudo isso o mais rápido possível, e o primeiro passo em direção à cura é entender que você terá que se esforçar um pouco mais para extirpar definitivamente essa dor que o dilacera diariamente.

Os espíritos que você ouve falar no Espiritismo são como as almas referidas em outras religiões. Para mim, somos espíritos em essência, e nossa essência é e será sempre divina. Esse é o meu entendimento.

Deus, quando nos criou, cuidou de nossa vida atual e de todas as outras oportunidades evolutivas que possamos ter. Por esse motivo, há, sem sombra de dúvidas, a continuidade da vida.

Eu mesmo sou prova viva disso, pois, aos 25 anos, sofri um acidente e me vi fora do meu corpo, em um lugar muito bonito, onde me encontrei com minha querida mãezinha, que havia falecido em um acidente de carro quando eu tinha apenas 14 anos.

Esse acontecimento mudou totalmente minha forma de ver e viver a vida, pois lhe asseguro com toda a minha honestidade e fé: **você não vai morrer**... Nenhum de nós perece, e buscar morrer não é nem nunca foi a solução dos nossos problemas, pois, como a morte não existe, a dor não se finda com o evento da morte biológica. Quem morre é seu corpo, e os problemas tendem a piorar quando nos vemos em vida continuada em outra dimensão, fora do nosso corpo físico.

Sempre procurei por explicações para tudo aquilo que vivi quando me senti totalmente fora do meu corpo e foi no Espiritismo que encontrei todas as respostas para meus mais íntimos questionamentos. Embora não seja a religião perfeita, pois acredito que religião perfeita não exista, é a que mais se aproxima do que vivi quando estava fora do meu corpo, vivo como sempre estive.

Sendo assim, o primeiro passo para você começar a vencer a depressão é crer que há algo maior, o que espero poder ajudá-lo a conhecer neste livro.

Lembre-se de que pedir ajuda é o mais importante e que dificilmente você conseguirá vencer sozinho.

Não há sentido viver sem haver outras oportunidades e reencontros. Afinal, somos espíritos eternos e tudo o que vivenciamos é para podermos nos tornar melhores e nos aproximar da perfeição, desejo de Deus.

Não adianta me perguntar: por que Deus não nos fez perfeitos, se é isso que ele deseja de todos nós?

Eu lhe respondo com uma pergunta: o que é perfeição?

Estamos muito longe de compreender os desejos de

Deus. Por esse motivo, oriento todos que me procuram a lerem o máximo possível sobre tudo e todas as coisas, por serem as experiências alheias que me ensinam a viver. O outro é e será sempre um bom professor...

Escrevo livros há mais de dez anos. A experiência da psicografia me transformou totalmente. Costumo dizer para meus familiares e amigos mais íntimos que vivo fora do normal, pois o normal é viver achando que vai morrer um dia. Eu sinceramente não acredito na morte. Ela não existe, como já disse, mas sei que um dia terei que partir. Quero deixar marcada minha existência ao lado de vocês da melhor forma possível, por isso dedico minha vida às psicografias, que tantos corações e vidas transformam.

Se você deseja partir um dia e deixar algo para que as pessoas se lembrem de você, faça o bem, pois o bem tem o hábito de tatuar os corações que sofrem... E tatuagens nem o tempo apaga.

Sou grato a Deus por isso e por tudo o que vivo diariamente ao lado dos meus amigos desencarnados e encarnados. E fique certo de que nem para mim, que tenho todas essas certezas, é fácil. Não é fácil para ninguém estar num mundo onde todos estão disputando algo que nem eles mesmos sabem o que é.

Voltemos ao meu encontro naquele dia...

Nina Brestonini é a mentora espiritual que mais escreve livros comigo. Nosso primeiro e emocionante encontro foi há mais ou menos dez anos, quando ela me procurou para escrevermos juntos o livro *Cinco Dias no Umbral, best-seller* com mais de um milhão de cópias vendidas.

Sempre que Nina me procura, sei que seremos presenteados com ensinamentos profundos, com muita sabedoria, amor e, principalmente, instruções importantíssimas para nossa evolução espiritual e pessoal.

Confesso, meus amigos e leitores, que este livro é um dos que mais me emocionaram ao escrever.

Vejam vocês...

– Oi, Osmar!

– Oi, Nina! Que bom ter você aqui!

– É sempre bom poder estar com você, meu mentoreado.

– Nossa, Nina, que bom ouvir isso!

– Vamos escrever?

– Sim, claro que sim. Estou à sua disposição. O que escreveremos, aliás, sobre o que escreveremos?

– Está preparado?

– Sim.

– Acho que podemos ser úteis àqueles que sofrem de depressão, Osmar.

– Outro livro sobre depressão?

– Você acha desnecessário?

– Não, não é isso. Na verdade, eu acho ótimo levar mais ensinamentos sobre o mal que aflige tantas pessoas hoje em dia.

– Então, vamos dar alguns conselhos a quem precisa para se afastar dessa dor. O que você acha?

– Acho ótimo e fico muito feliz em poder ajudar.

– Vamos escrever?

– Só um minuto.

Rapidamente, me organizei para começarmos mais uma psicografia.

Todos os livros que psicografo, faço-o em desdobramento. Explicarei resumidamente o que é o desdobramento, para que todos vocês possam entender essa característica mediúnica que algumas pessoas têm.

Alguns têm e nem sabem o que é. Por isso, sempre que tenho oportunidade, explico para vocês, meus leitores. Vamos lá?

O desdobramento...

Na minha infância, eu tinha muitas dificuldades para entender os fenômenos que frequentemente aconteciam comigo. Eu via espíritos constantemente, conversava com eles, brincava com alguns e, por muitas vezes, fugia de outros, pois suas aparências me assustavam muito – eles eram horripilantes. Eu era apenas uma criança e não conseguia compreender muito bem por que aquilo acontecia comigo.

Com o passar do tempo, comecei a ouvir mais os meus amigos espirituais. Eles passaram a me orientar. Foi aí que compreendi o fenômeno do desdobramento. Eu me sinto um privilegiado, embora a mediunidade não seja um privilégio, mas uma missão a ser cumprida com muita seriedade e entrega absoluta.

Um dia desses, eu perguntei ao Lucas – que é outro mentor que escreve comigo – se a mediunidade é uma doença. Ele me disse que a mediunidade não é uma doença, mas que, em alguns casos, pode adoecer. Então, questionei:

– Em que casos podemos classificar a mediunidade como uma doença, Lucas?

– A mediunidade pode se tornar uma doença quando mal exercida, não exercida ou desprezada – respondeu o nobre mentor espiritual.

Os espíritos me disseram que a "mediunidade é um dom divino, que divinamente devemos exercer". Por isso, sempre aconselho as pessoas a estudarem muito, estabelecerem logo sua conexão espiritual corretamente e extraírem dela os benefícios do serviço no bem.

Tudo o que entregamos ao Universo, ele nos devolve em igual porção.

Em termos espíritas, o desdobramento é uma faculdade anímica na qual o espírito encarnado se desliga parcialmente do corpo físico e viaja até os planos espirituais. Esse processo pode ocorrer com ou sem um transe. É uma capacidade intrínseca ao ser humano, que, ao longo da evolução da espécie, desenvolveu a possibilidade de se desembaraçar do corpo material dentro de certos limites, adquirindo alguma sensação de liberdade.

A faculdade de desdobramento é muito utilizada nas reuniões mediúnicas modernas. Através da concentração dos pensamentos, o sensitivo entra numa espécie de transe, que possibilita esse desprendimento parcial do espírito, e se coloca em condições de exercer tarefas de auxílio, sendo geralmente orientado pelos espíritos instrutores.

Dessa forma, muitas vezes ele é colocado em contato com espíritos sofredores, os quais necessitam de uma palavra amiga e consoladora ou até mesmo de um tratamento através das energias do sensitivo. Suas energias têm uma densidade adequada a esse tipo de atendimento pela sua condição de encarnado, assim como para escrever livros e mensagens de amigos do plano maior.

Apesar de muitos se referirem ao desdobramento como mediunidade, ele é um fenômeno anímico. Para usar o linguajar de Allan Kardec, é um fenômeno de emancipação da alma.

A mediunidade consiste numa intermediação entre os espíritos desencarnados e o mundo material. Desdobrar-se, grosso modo, significa "sair do corpo". Esse simples fato não o torna médium se você não se constitui em transmissor de qualquer informação enviada do plano espiritual para o ambiente terreno.

O desdobramento pode ser considerado uma espécie de mediunidade quando, durante o desprendimento, o sensitivo mantém um contato com a Espiritualidade, recebendo de lá comunicações que devem ser enviadas aos encarnados. Esse é o meu caso.

O desdobramento não ocorre apenas nas reuniões mediúnicas. Ele é fenômeno corriqueiro e acontece com as pessoas em geral sempre que dormem. Ele é o preâmbulo do sono. Quando o corpo adormece para o necessário repouso, o espírito, parcialmente desligado do corpo, vai a diversos lugares realizar as atividades que estejam em afinidade com as suas motivações íntimas. Para entrarmos no estado de sono, antes temos que nos desdobrar, ou seja, afastar-nos vibratoriamente do corpo biológico.

A mediunidade – seja na modalidade de psicofonia, psicografia, audiência, vidência, desenho, pintura etc. – também exige um desdobramento.

Em seu organismo, o médium tem a facilidade de, ao entrar em estado de transe, desvencilhar-se do seu corpo em maior ou menor grau, conforme as características da sua faculdade mediúnica. Isso ocorre a fim de dar ao espírito comunicante a oportunidade de se assenhorear, o que é feito por meio de uma expansão dada ao seu perispírito dos implementos perispirituais e, na sequência, cerebrais do médium.

O sonambulismo, a dupla vista, a letargia, a catalepsia e o êxtase são classificados por Allan Kardec como fenômenos de emancipação da alma, tendo o desdobramento como precondição para acontecerem. Às vezes, como na dupla vista, esse deslocamento do espírito (sempre com o perispírito) é imperceptível, mas suficiente para fazê-lo enxergar além da realidade física presente.

Há outras situações em que o desdobramento ocorre: no coma, durante o uso de algumas drogas alucinógenas, em certos estados psíquicos classificados como catatonia e em outros casos em que há um alheamento em relação ao meio externo.

Deus, em Sua sabedoria e bondade, concedeu ao homem a capacidade de, vez ou outra, remeter-se ao mundo espiritual através da faculdade do desdobramento. Assim, o homem recobra parte das suas faculdades de espírito, como se estivesse descansando da rudeza da vida na matéria, e absorve as energias mais sutis, necessárias ao seu refazimento para continuar o aprendizado aqui na Terra.

Vivendo no ambiente terreno em meio às dificuldades e aos desafios diários, imerso na atmosfera densa da matéria, o homem pode se aliviar dessas lutas desacoplando-se temporariamente do organismo físico. Com isso, ele retorna ao mundo espiritual e tem contato com espíritos esclarecidos que o orientam, direcionando-se melhor no caminho do progresso.

Sou eternamente grato por ter essa condição e, através dela, trazer as informações que transmito nas obras psicografadas. Confesso que, por vezes, realmente me sinto como um lápis nas mãos dos espíritos. Acho muito gratificante ler as mensagens de gratidão que recebo todos os dias dos meus leitores, agradecendo por ser o mensageiro que instrui e esclarece muitas pessoas sobre o que realmente acontece conosco na vida após a vida.

Olhei para Nina, que esperava pacientemente eu terminar esse resumo para começarmos nosso trabalho.

– Perdoe-me, Nina, mas é que acho importante aproveitar as psicografias para passar às pessoas um pouco daquilo que aprendo com vocês, além de instruir aqueles que estão chegando agora ao Espiritismo e precisam saber como entramos em contato com vocês.

– A paciência é uma virtude que todos vocês devem exercitar, Osmar.

– Eu a admiro muito por ser tão paciente comigo. Obrigado!

– Todos estamos em evolução e, sempre que houver uma oportunidade de exercitar virtudes evolutivas, vocês não devem dispensá-la.

– O que são virtudes evolutivas, Nina?

– Tudo o que o melhora por dentro, reflete por fora e modifica o seu intelecto, aproximando o espírito em evolução do destino de todos os filhos de Deus.

– Você poderia nos exemplificar essas virtudes?

– Sim, claro que sim.

"As virtudes teológicas são: a fé, a esperança e a caridade. Mediante o exercício das virtudes, a rijeza, a lealdade, a serenidade, a veracidade, a pontualidade e a afabilidade, preparamos o nosso espírito para a continuidade da vida nas cidades espirituais.

"Na visão espírita, Osmar, a virtude, no mais alto grau, é o conjunto de todas as qualidades essenciais que constituem o homem de bem.

"Resumindo, virtudes evolutivas são o que se conforma com o considerado correto e desejável do ponto de vista da moral, da religião e do comportamento social humano."

– Difícil de conquistar, não acha, Nina?

– Não, não acho. Quando o espírito chega à vida espiritual após o desencarne, destino de todos os espíritos, logo se conscientiza de que precisa melhorar-se em todos os aspectos para o seu próprio bem. Todo sofrimento que passou serviu-lhe como experiência para compreender o que é a vida em sua essência, inclusive a depressão.

– A depressão?

– Sim. Tudo o que lhe acontece, encarnado ou desencarnado, tem objetivos evolutivos. E evolução é uma conquista ao alcance de todos os espíritos desejosos de ascensão. As provas, embora dolorosas e, por muitas vezes, quase insuportáveis, são degraus evolutivos. E todos vocês, ao se perceberem espíritos eternos, acabam por agradecer todo sofrimento experimentado durante a encarnação, por ser e será sempre através das provas que o espírito purga as dívidas pretéritas e existenciais e, assim, se aperfeiçoa.

– Nossa, que legal!

– Alguns infelizes irmãos, Osmar, presos às mazelas humanas, deixam de lado as orientações que recebem e, logo que chegam aqui, voltam aos velhos vícios e se perdem nos labirintos umbralinos, deixando de lado a grande oportunidade evolutiva.

"Melhorar-se é o destino de todos nós. Saiba disso. Eu mesma já passei por muitas encarnações provatórias, que me levaram e me tornaram o que sou hoje."

– O que é você hoje, Nina?

– Como assim, o que eu sou?

– Como podemos classificá-la na ordem da evolução dos espíritos? Pois sabemos que, à medida que os espíritos evoluem, alcançam degraus de perfeição na Espiritualidade, o que nos torna mais sutis e mais próximos à perfeição, desejada pelo Pai Eterno.

– Quase um espírito puro, Osmar.

– Sério? Você já conseguiu se tornar um espírito puro?

– É o seu destino também, sabia?

– Estou muito longe disso, Nina. Minha imperfeição me afasta muito disso.

– Preste muita atenção no que vou lhe dizer.

– Diga.

– Todos os espíritos estão destinados à perfeição, como você já sabe e está cansado de escrever. Quando você se conscientiza desse processo, tudo fica mais perto. Pense comigo. Acredite e evolua. Simples assim...

"Quando você chega à vida espiritual, Osmar, logo na recepção das colônias espirituais, novamente lhe é informado que você está destinado à perfeição e que tudo o que você viveu na experiência terrena, a qual você acabou de deixar, serviu para torná-lo um espírito melhor, mais evoluído...

"Muitas das coisas que lhe acontecem durante a prova da encarnação em parte são incompreensíveis, por estar você em uma encarnação expiatória e coberto pelo véu da incerteza, ferramenta protetiva que preserva a vida dos encarnados. Sim, porque, se você tivesse certeza da continuidade da vida, diante de uma primeira perda afetiva, fracasso empresarial e humano, desilusão amorosa ou depressão profunda, você se suicidaria. Por isso, não ter certeza da continuidade da vida é, na verdade, uma proteção.

"A dor educa. Ninguém aprende sorrindo. Guarde isso...

"Porém, ao desencarnar, o espírito volta a integrar o todo e logo recupera o desejo evolutivo, ao perceber-se integrado ao Universo, onde todos os espíritos estão em busca da perfeição para poder ascender aos planos superiores, lugar de felicidade absoluta.

"O que você faria, meu caro escritor, se recebesse essa informação logo após o seu desencarne?"

– Eu?

– Sim, você mesmo.

"Imagine... Você chega à vida espiritual após uma encarnação e eu lhe digo: 'Osmar, seja bem-vindo! Tenho algumas informações para lhe passar. Você quer que eu lhe diga agora ou quer descansar?'

"Imediatamente, você responderá: 'Não me sinto cansado, Nina. Prefiro saber o que você tem a me dizer agora.' É o que eu certamente diria.

"É certo que o espírito não se cansa. Assim, logo você quererá saber de tudo o que acontece na vida espiritual, não é?"

– Acho que é isso mesmo que vai acontecer comigo.

– Aí eu lhe digo: "Osmar, você veio de uma encarnação na qual você se saiu muito bem. Cumpriu quase tudo aquilo que você combinou antes de encarnar. Parabéns!"

– Que combinei antes de encarnar? Como assim?

– Você não acha que o mais justo é que você mesmo escolha aquilo que quer estudar, viver e enfrentar para tornar-se melhor? Você crê que o Criador vai sempre que possível lhe oportunizar a evolução?

– Acho que sim. É o que mais faz sentido...

– Por isso, posso lhe assegurar, meu amigo escritor, que toda encarnação é combinada entre as partes envolvidas. Não existem acasos nas coisas de Deus.

– Você pode nos explicar melhor isso, Nina? Acho muito importante abordarmos esse tema de forma mais profunda.

– Sim, podemos explorar esse assunto neste livro.

– Ficarei muito feliz em escrever sobre.

– Vamos continuar?

– Sim.

– Então, quando eu lhe disser que você veio de uma encarnação na qual se saiu muito bem e em que cumpriu quase tudo aquilo que você combinou antes de encarnar, logo você me perguntará o que deve fazer agora.

“Eu lhe direi: ‘Agora você terá que aperfeiçoar-se mais um pouco. Há muita coisa que você pode descobrir e, conscientizando-se, melhorar um pouco mais sua condição espiritual, para que, através dessa melhora, tenha mais benefícios aqui ou nas outras cidades espirituais nas quais você poderá viver.’

“Então, você perguntará: ‘O que tenho que fazer?’

“Direi: ‘Evoluir, Osmar. Evoluir para tornar-se perfeito.’

“Você certamente me dirá: ‘Quero, Nina, quero muitíssimo essa oportunidade para evoluir mais. Afinal, agora percebo que sou eterno e que realmente não posso desperdiçar nenhuma oportunidade de me tornar melhor. Preciso tirar essa dor de dentro de mim e seguir em frente, evoluindo. Quero me encontrar com todos que vieram antes de mim e, acima de tudo, preciso ser feliz, preciso da felicidade absoluta.’

"Então, você será levado para o setor da conscientização, onde tudo lhe será revelado e lhe indicarão quais os próximos passos que precisará dar para acelerar o seu aperfeiçoamento moral e espiritual. Nesse local, você passará a compreender tudo o que lhe aconteceu de bom e ruim durante sua passagem terrena.

"Assim, tenho certeza, você buscará a evolução aceleradamente, pois todos os que se conscientizam do que são em essência desejam melhorar-se quanto antes, para poderem ter acesso a planos superiores, onde não há mais sofrimento ou provas dolorosas, onde a saudade não existe, onde o amor prepondera e a felicidade é absoluta.

"Como lhe disse, esse é o destino de todos os espíritos, Osmar."

– Chego a ficar ansioso, Nina.

– Não adianta sofrer antes da hora. Há uma programação em toda encarnação. Tentar viver no futuro pode lhe causar distúrbios, como a ansiedade, por exemplo, e esse não é nosso objetivo.

– Vejo tanto sofrimento neste plano que, por vezes, duvido de certas coisas de Deus. Perdoe-me se estiver errado, mas atualmente estamos vendo muitas coisas inimagináveis acontecerem. É o que me leva a pensar dessa forma. Perdoe-me, Nina...

– A dúvida é construtiva, Osmar. É ela que o impulsiona a questionar, a estudar, a vivenciar e a seguir em frente e não desistir. Lembre-se de que o mais importante é nunca desistir, pois, como informado anteriormente, o que vive hoje foi combinado antes de você chegar a esta vida.

– É verdade, Nina. Mas entender e aceitar as perdas é bem complicado.

– Por que você acha complicado?

– É difícil aceitar a morte de uma criança ou de um familiar querido, por exemplo. É muito difícil vencer a depressão nesses casos.

– Todos vocês estão destinados à falência corpórea e ao retorno à pátria espiritual. Você não é deste mundo; você está temporariamente nele por razões próprias a seus ajustes espirituais. A depressão é um estado de espírito que precisa de cuidados médicos e espirituais. Conscientize-se disso e você encontrará a cura para o que está vivendo nesse momento.

– Eu sei, mas é difícil para um pai ou para uma mãe aceitar a partida de um filho ou uma filha, sabe como é... Sei que a depressão tem um gatilho que, muitas vezes, não compreendemos o que o disparou, mas a perda de algo ou de alguém é o que mais aciona a depressão, pelo que tenho visto nos atendimentos em nosso hospital espiritual.

– No caso das perdas físicas, não seria egoísmo, Osmar?

– Egoísmo? Como assim?

– Você não acha que todos têm direito a viver suas experiências para, através delas, tornarem-se melhores? Desencarnar é também uma experiência, você sabia?

– Sim, todos temos esse direito.

– Então, me diga: se um espírito programar uma curta encarnação para, através da doença e da morte em tenra idade, seja ela natural ou por meio de um acidente, poder purgar tudo o que precisa para sua evolução pessoal, mas não puder realizar aquilo que escolheu porque você está apegado a ele, isso não seria egoísmo de sua parte? Não seria falta de amor?

“Se a vida continua, e é isso que sua religião lhe ensina, por que sofrer?

“Por que não deixar que o espírito que escolheu essa experiência siga em frente, aperfeiçoando-se para um dia reencontrar-se com você em uma condição melhorada?

“Não é dono desse e de nenhum outro espírito. Todos os espíritos são livres para experimentarem e, através das experiências, na maioria das vezes dolorosas, aperfeiçoarem-se.

“Você precisa se conscientizar de que, na encarnação, você não é pai; você está pai... Você não é mãe; você está mãe... Você não é filho, parente, esposa, marido, namorado ou amigo; você está nessa condição, e assim sucessivamente... O espírito que hoje está como seu filho pode ter sido seu pai, seu irmão, sua mãe, sua avó, seu avô... Enfim, não és dono de ninguém. Estás temporariamente exercendo uma paternidade ou maternidade expiatória, e nada mais que isso.

"Toda convivência materna, paterna ou mesmo familiar, todas as relações afetivas têm por objetivo estreitar os laços de amor, que, muitas vezes, foram rompidos em encarnações anteriores e precisam ser reparadas. Por esse motivo, a aceitação da separação temporária é, na verdade, uma oportunidade de amar ainda mais, pois o mais comum é dar valor àquele que se foi. A dor da perda aperfeiçoa os sentimentos mais sinceros, que, muitas vezes, por valores outros, estão adormecidos.

"O amor por alguém que se foi é uma forma de amar diferente. É um amor mais profundo e mais sincero. Muitas vezes, aperfeiçoamos o amor por alguém que se foi e o valorizamos quando o perdemos... Pense nisso...

"Não é dono de ninguém. Nem sequer é dono do seu destino... Programastes essa experiência corpórea ao lado de pares, só isso...

"Deixe o egoísmo de lado e viva a saudade. Ela, a saudade, é quem deve ser vivida, porque o verdadeiro Pai é aquele que o criou como espírito eterno; os outros estão na condição temporária de pais e mães biológicos, amigos, familiares, amores etc.

"Mude seu conceito... Aperfeiçoe seu olhar sobre tudo o que é criado por Deus, por ser a perfeição e o amor, o qual jamais faria um filho sofrer sem objetivos evolutivos.

"Qual pai dá a um filho um pedaço de pedra, quando esse pede um pedaço de pão?

"Deus ama e protege toda a Sua Criação. Ele a educa através das experiências terrenas e espirituais.

"Sua vida não terminará com a falência do seu corpo... Ele falirá um dia, e o Pai sabe disso.

"Creia no que diz e pratique o que estamos lhe ensinando. De que adiantam palavras de fé sem a crença no que prega?

"Estude e leia os versículos bíblicos e os livros da Codificação Espírita. Não são mensagens vazias; elas preenchem o vazio que está em você.

"Se realmente acredita que existe um princípio criador de todas as coisas, creia que esse princípio é justo e perfeito. Sendo Ele misericordioso, onisciente e verdadeiro, a morte é algo necessário ao aperfeiçoamento do espírito.

"As separações são temporárias e necessárias ao aperfeiçoamento afetivo.

“O amor é maior quando estamos distantes… A saudade, muitas vezes, é o combustível que acelera as paixões.

“Deixe de ser egoísta. O outro tem o direito de morrer e seguir evoluindo, mesmo que seja longe de você…”

Após uma pequena pausa reflexiva em silêncio, Nina me perguntou:

– Osmar, você crê em Deus?

– Sim, claro que sim.

– É filho de Deus?

– Acredito que sim.

– Se é filho de Deus, quem é seu verdadeiro Pai?

– Deus, ora.

– A Ele pertence seu destino. E, como disse anteriormente, Ele é o dono de sua vida. É Ele quem tem o direito à vida e à morte. Creia nisso, e você aceitará melhor as separações temporárias.

“Sim, todas as separações são temporárias. Creia nisso para não se envergonhar quando se ver em verdade, quando voltar à condição de espírito eterno e reencontrar-se com todos aqueles que se foram antes de você, porque o que digo não é uma utopia; o que digo será a sua próxima realidade.

"Não existe separação definitiva. Todas as separações são temporárias. Fique certo disso. Você mesmo já viveu essa experiência, como relatou nesta obra."

– Verdade. Quando me reencontrei com a minha mãe na vida eterna, eu me vi eterno como sou em verdade. E hoje, minha doce mentora, não tenho nenhuma dúvida de que a vida continua.

– Agradeça sempre por você ter essa oportunidade, que, tenho certeza, mudou todo o seu conceito de vida.

– Eu nem sei quem eu seria se não tivesse vivido essa experiência. Acho, sinceramente, que não estaria aqui escrevendo este livro ao seu lado se não tivesse falecido.

– Então, eu lhe pergunto: a vida termina com uma só encarnação, Osmar?

– Claro que não, Nina. Um dia, todos nos encontraremos novamente na eternidade, até mesmo os espíritos que se separam por estarem em estágios evolutivos diferentes. Essa é a verdadeira justiça de Deus, acredito.

– É isso. Creia em Deus, em Sua perfeição e no amor a Seus filhos, e tudo ficará bem. A saudade é uma dor de dois mundos, Osmar. Quem está aqui sente a falta de quem está aí e vice-versa. Deixem de ser egoístas... Se a tristeza visitá-lo, é saudade. E, onde tem saudade, é sinal que existe amor.

– É verdade, Nina. Sei que confundimos a saudade com o egoísmo. Se pensarmos bem, você tem razão. Não temos direito à vida de ninguém e nem sequer temos esse poder.

– Creiam que, se as experiências na encarnação fossem a única vida que têm, Deus não existiria, e Ele existe. É soberano, amoroso, supremo, misericordioso, onisciente, justo e, acima de tudo, Pai, o verdadeiro progenitor de todos.

"Sua grandeza suprema não pode ser comparada a nada que imaginamos, pois somos como crianças na primeira fase da infância. Somos aprendizes na escola da evolução."

– Sem palavras, Nina.

– Deixe-me lembrá-lo de uma coisa.

– Sou seu lápis.

– Você se lembra das orientações que insistimos em revelar a todos vocês sobre o merecimento e tudo o que transforma o espírito em evolução?

– Sim, me lembro.

– Então, deixe-me relembrá-lo de algo muito importante.

– Diga, Nina.

– As cidades espirituais são separadas por vibrações energéticas, como já informamos em outras oportunidades. Uma cidade onde estão os espíritos puros está bem distante dos umbrais, por exemplo. Assim, para que eu possa ver ou visitar alguém que amo e que não acompanhou minha evolução, se distanciando de mim por escolhas infelizes e ficando em dimensão diferente da minha, primeiro, é necessário que ambos tenham permissão para isso. Não fique achando que, por conseguir sua melhora espiritual, tudo lhe é permitido por aqui.

"Segundo, é preciso estar em condições espirituais para adentar outro plano energético. Assim, Osmar, tudo é e sempre será merecimento e transformação.

"Cure as angústias e enfrente seus medos, superando-se todos os dias. Não existe, em lugar algum do Universo, castigo ou um local onde o mal prepondera.

"O que é muito comum por aqui é justiça e liberdade. Afinal, todos são responsáveis pelos seus atos. Além disso, saiba que o livre-arbítrio é respeitado em todas as dimensões espirituais, em todos os lugares. Se Deus interferisse no livre-arbítrio, Ele não poderia ser classificado como justo, soberano e perfeito.

"Quando você adentrar a pátria espiritual, logo perceberá que nem todos os que estiveram ligados a você até o momento da sua existência espiritual vão estar no mesmo lugar. Aí vem a grande sabedoria divina. Para que eu possa rever, reencontrar ou até mesmo viver ao lado daquele espírito que tanto amo, preciso me modificar. Eu preciso estar melhorado e ter merecimento. Assim, todos os espíritos estão sempre buscando a melhora espiritual, a evolução, porque sempre haverá alguém do seu passado à espera desse encontro. A depressão só irá afastá-lo de quem você ama, que esteja na vida espiritual.

"É preciso crer e superar.

"Sua vida não se resume à encarnação atual. Você é um espírito muito antigo e já viveu várias experiências na encarnação. E, em cada uma delas, criou laços afetivos que lhe trazem saudades.

"Algumas delas você ainda precisa reparar... E, muitas vezes, são essas saudades inconscientes que levam o espírito encarnado a viver um quadro depressivo, que pode ser curado por meio de um tratamento espiritual em um bom centro espírita.

"Estamos o tempo todo em uma busca desenfreada da perfeição necessária aos reencontros que acontecem após os desenlaces carnais. E é dentro desse universo evolutivo que quase todos os espíritos presentes na erraticidade estão. É preciso acreditar e buscar ajuda para vencer os quadros depressivos e, finalmente, se libertar da dor que entristece todos os que estão ligados a você, estejam eles encarnados e desencarnados.

"Ficar trancado em si não é o remédio..."

– Nossa, que lindo, Nina!

– Chamamos isso de misericórdia divina, e ela está em todos os planos da Criação, respeitando sempre o livre-arbítrio.

– Perfeito. Se amo muito alguém, eu preciso merecer estar ao lado desse amor. Perfeito, Nina.

– Assim são as coisas de Deus.

– Obrigado, Nina, por seus ensinamentos.

– Nós é que agradecemos as oportunidades de levar essas revelações a todos e auxiliar quem precisa.

– Nem sei o que dizer...

– Osmar, podemos levar um lindo ensinamento para todos através desta obra. O que você acha?

– Acho ótimo.

– Então, se prepare. Vamos escrever o livro *Vencendo a Depressão – Orientações Espirituais*. Pode ser?

– Nossa, que título legal!

– Você achou o título bom?

– Sim, achei ótimo.

– Então, se prepare para o que vamos conversar.

– Sou seu lápis.

– Vamos escrever.

– Antes, posso lhe fazer uma última pergunta, Nina?

– Sim.

– Por que esse título?

– Porque precisamos consolar alguns corações aflitos. Porque o amor e o esclarecimento são o que abre as portas do céu e possibilita nossa comunicação. Porque há muitos irmãos perdidos, com pensamentos destrutivos, e não adianta somente abraçar; é preciso instruir e acolher com conselhos edificantes.

– Obrigado, Nina.

Naquele momento, começamos esta psicografia.

“

A vida não começa no berço e, muito menos,
termina no túmulo.

”

Nina Brestonini

A depressão – Causas, sintomas, tratamentos, diagnóstico e prevenção

A depressão é considerada pela Organização Mundial da Saúde (OMS) como o "mal do século". No sentido patológico, há presença de tristeza, pessimismo e baixa autoestima, que aparecem com frequência e podem combinar-se entre si. A depressão provoca, ainda, ausência de prazer em coisas que antes faziam bem e grande oscilação de humor e pensamentos, que pode culminar em comportamentos e atos suicidas.

O tratamento é feito com auxílio médico profissional, por meio de medicamentos, e acompanhamento terapêutico conforme cada caso. O apoio da família é fundamental.

Está presente na literatura médica e científica mundial que a depressão também incita alterações fisiológicas no corpo, sendo porta de entrada para outras doenças. Pessoas acometidas por depressão podem, além da sensação de infelicidade crônica e prostração, apresentar baixas no sistema de imunidade e maiores episódios de problemas inflamatórios e infecciosos. A depressão, dependendo da gravidade, também pode desencadear doenças cardiovasculares, como enfarto, AVC e hipertensão.

O Centro de Valorização da Vida (CVV) realiza apoio emocional e prevenção do suicídio, atendendo voluntária e gratuitamente todas as pessoas que querem e precisam conversar, sob total sigilo, por telefone, *e-mail, chat* e VoIP 24 horas por dia, todos os dias. A ligação para o CVV em parceria com o Sistema Único de Saúde (SUS), por meio do número 188, é gratuita a partir de qualquer linha telefônica fixa ou celular. Também é possível acessar *www.cvv.org.br* para *chat*.

Há uma série de evidências que mostram alterações químicas no cérebro do indivíduo deprimido, principalmente com relação aos neurotransmissores (serotonina, noradrenalina e, em menor proporção, dopamina), substâncias que transmitem impulsos nervosos entre as células. Ao contrário do que normalmente se pensa, os fatores psicológicos e sociais muitas vezes são consequência, e não causa da depressão. Vale ressaltar que o estresse pode precipitar a depressão em pessoas com predisposição, que provavelmente é genética.

Estima-se que uma em cada cinco pessoas no mundo apresentam problemas relacionados à depressão em algum momento da vida. A melhor forma de prevenir a depressão é cuidando da mente e do corpo, com alimentação saudável e prática de atividades físicas regulares. Saber lidar com o estresse e compartilhar os problemas com amigos ou familiares é uma alternativa, que pode ser aliada à prática de alguma atividade integrativa e complementar, como ioga, por exemplo. Ajudam a prevenir a depressão ler, aprender coisas novas, ter *hobbies*, viajar e se divertir. Essas práticas mantêm a cabeça ativa e a ocupam com pensamentos positivos. A ciência já comprovou que cuidar do corpo reflete na saúde mental positivamente. Atividades físicas liberam hormônios e outras substâncias importantes para a manutenção do humor. Na alimentação, receitas ou dietas recheadas de azeite de oliva, peixes, frutas, verduras e oleaginosas (nozes, castanhas etc.) são o ideal para prevenir a depressão. Esses produtos são ricos em nutrientes que protegem e conservam a rede de neurônios.

Além de alterações de humor, irritabilidade, ansiedade e angústia, a depressão possui diversos sinais e sintomas, que podem ser isolados ou somatizados. Os principais sintomas da depressão são:

- irritabilidade, ansiedade e angústia;
- desânimo, cansaço fácil e necessidade de maior esforço para fazer as coisas;
- diminuição ou incapacidade de sentir alegria e prazer;
- desinteresse, falta de motivação e apatia;
- sentimentos de medo, insegurança, desesperança, desespero e desamparo;
- pessimismo, ideias frequentes e desproporcionais de

culpa e baixa autoestima;

- sensação de inutilidade, ruína e fracasso;
- interpretação distorcida e negativa da realidade;
- dificuldade de concentração, raciocínio mais lento e esquecimento;
- diminuição do desempenho sexual;
- perda ou aumento do apetite e do peso;
- insônia ou despertar matinal precoce;
- dores e outros sintomas físicos não justificados por problemas médicos.

Existem alguns fatores de risco que podem contribuir para o desenvolvimento da depressão. São eles:

- histórico familiar;
- transtornos psiquiátricos correlatos;
- estresse crônico;
- ansiedade crônica;
- disfunções hormonais;
- excesso de peso;
- sedentarismo e dieta desregrada;
- vícios (cigarro, álcool e drogas ilícitas);
- uso excessivo de internet e redes sociais;
- traumas físicos ou psicológicos;
- pancadas na cabeça;
- problemas cardíacos;
- separação conjugal;
- enxaqueca crônica.

Como diferenciar tristeza e depressão?

- Tristeza tem motivo. A pessoa sabe que está triste.
- A depressão é uma tristeza profunda e, muitas vezes, sem conteúdo, sem motivo aparente. Mesmo se algo maravilhoso acontecer ou estiver acontecendo, a pessoa continuará triste.
- A pessoa triste pode ter sintomas no corpo, como sentir aperto no peito e taquicardia ou chorar.
- A pessoa deprimida tem pensamentos suicidas.
- Quem está triste costuma ter pensamentos repetitivos sobre a razão da tristeza.
- Quando deprimida, a pessoa sente pelo menos duas semanas de uma tristeza profunda e contínua.

Como é feito o diagnóstico da depressão?

O diagnóstico da depressão é clínico e somente pode ser dado por um médico especialista – no caso, o psiquiatra, responsável por tratar pessoas com transtornos mentais.

Como saber se a pessoa sofre de depressão?

Durante uma consulta com um médico especialista, serão feitos alguns testes e questionários, que podem apontar para o distúrbio.

Nesse momento, o psiquiatra fará também outras observações, como histórico do paciente e familiares, e poderá pedir alguns exames laboratoriais específicos para chegar ao diagnóstico.

A depressão também pode estar associada a outros transtornos psiquiátricos e tem níveis de intensidade. Pode ser leve, moderada ou grave.

Cada caso é avaliado individualmente e cada paciente recebe um diagnóstico, sendo encaminhado para tratamento específico.

Qual é o tratamento?

O tratamento da depressão é essencialmente medicamentoso. Existem mais de 30 antidepressivos disponíveis.

Ao contrário do que alguns temem, essas medicações não são como drogas, que deixam a pessoa eufórica e provocam vício.

A terapia é simples e, de modo geral, não incapacita ou entorpece o paciente.

Alguns pacientes precisam de tratamento de manutenção ou preventivo, que pode levar anos ou a vida inteira, para evitar o aparecimento de novos episódios.

A psicoterapia auxilia na reestruturação psicológica do indivíduo, além de aumentar sua compreensão sobre o processo de depressão e na resolução de conflitos, diminuindo o impacto provocado pelo estresse.

A depressão não tem tempo para passar. Pode durar dias, semanas, meses ou anos.

A pessoa em crise, após superar o transtorno mental, também pode, a qualquer momento, experimentar novos episódios da depressão.

Na maioria das vezes, o tratamento para depressão é feito combinando psiquiatria e psicoterapia, por meio de psicólogos.

Existem também medicamentos antidepressivos, que ajudam a regular a química cerebral e são aplicados conforme cada caso, de acordo com cada paciente.

Nesse contexto, o SUS tem papel importante na atenção à saúde e tratamento de pessoas com depressão e outros problemas mentais.

Os atendimentos e tratamentos para depressão são feitos, prioritariamente, na Atenção Básica, principal porta de entrada para o SUS, ou nos Centros de Atenção Psicossocial (CAPS), onde o usuário recebe atendimento próximo da família, com assistência multiprofissional e cuidado terapêutico conforme o quadro de saúde.

Nesses locais também há possibilidade de acolhimento noturno e/ou cuidado contínuo em situações de maior complexidade, quando houver avaliação da equipe de referência para isso.

Para agravos do problema de depressão, ansiedade e/ou estresse, o SUS também disponibiliza medicamentos que auxiliam no tratamento dos pacientes (amitriptilina, clomipramina, fluoxetina e nortriptilina).

Quando recomendados pelo médico, esses medicamentos podem ser retirados gratuitamente nas Unidades Básicas de Saúde ou nos demais estabelecimentos designados pelas Secretarias de Saúde dos municípios.

Como vencer a depressão?

O acolhimento das pessoas com sofrimento ou transtorno mental, incluindo a depressão e as necessidades decorrentes do uso de álcool e outras drogas, e de seus familiares é uma estratégia de atenção fundamental para a identificação das necessidades assistenciais, o alívio do sofrimento e o planejamento de intervenções medicamentosas e terapêuticas, se e quando necessárias.

Está previsto que os indivíduos em crise possam ser atendidos em qualquer serviço da rede de saúde.

Os casos de pacientes em emergência devem ser atendidos nos serviços de urgência e emergência, que também constituem a Rede de Atenção Psicossocial (RAPS). As diretrizes da política envolvem o Governo Federal, os estados e os municípios.

Quais são os tipos de depressão?

Um episódio depressivo pode ser categorizado como leve, moderado ou grave, a depender da intensidade dos sintomas.

Um indivíduo com um episódio depressivo leve terá alguma dificuldade em continuar um trabalho simples e atividades sociais, mas provavelmente sem grande prejuízo no funcionamento global.

Durante um episódio depressivo grave, é improvável que a pessoa afetada possa continuar com atividades sociais, de trabalho ou domésticas.

Uma distinção fundamental também é feita entre depressão em pessoas que têm ou não um histórico de episódios de mania.

Ambos os tipos de depressão podem ser crônicos (isto é, acontecem durante um período prolongado de tempo), com recaídas, especialmente se não forem tratados.

O transtorno depressivo recorrente é um distúrbio que envolve repetidos episódios depressivos.

Durante esses episódios, a pessoa experimenta um humor deprimido, perda de interesse e prazer e energia reduzida, levando a uma diminuição das atividades em geral por pelo menos duas semanas.

Muitas pessoas com depressão também sofrem com sintomas como ansiedade e distúrbios do sono e de apetite e podem ter sentimento de culpa, baixa autoestima, falta de concentração e até mesmo aqueles que são clinicamente inexplicáveis.

O transtorno afetivo bipolar é um tipo de depressão que consiste tipicamente na alternância entre episódios de mania e depressivos, separados por períodos de humor normal.

Episódios de mania envolvem humor exaltado ou irritado, excesso de atividades, pressão de fala, autoestima inflada e uma menor necessidade de sono, além da aceleração do pensamento.

Fonte: saude.gov.br

“

O deprimido não precisa de conselhos;
precisa de abraços.

”

Helena

A depressão na visão espírita

A depressão pode ser conceituada como uma alteração do estado de humor, uma tristeza intensa, um abatimento profundo, com desinteresse pelas coisas. Tudo perde a graça. O mundo fica cinza. Viver torna-se tarefa difícil e pesada, com ideias fixas e pessimistas.

Poderíamos considerá-la como uma emoção estragada. As emoções naturais devem ser passageiras e circular normalmente, sem desequilibrar o ser. A tristeza, por exemplo, é uma emoção natural, que nos leva a entrar em contato conosco, à introspecção e à reflexão sobre nossas atitudes. Agora, uma vez estagnada, prolongada, acompanhada de sentimento dc culpa, nos leva à depressão.

Podemos dividir a depressão em três formas, segundo o fator causal:

- Depressão reativa ou neurose depressiva – Depende de um fator externo desencadeante, geralmente perdas ou frustrações, tais como separação, perda de um familiar etc.
- Depressão secundária a doenças orgânicas – Acidente vascular cerebral (derrame), tumor cerebral, doenças da tireoide etc.

• Depressão endógena – Por deficiência de neurotransmissores; depressão do velho, depressão familiar e psicose maníaco-depressiva, por exemplo.

Estima-se que a depressão incida em cerca de 14% da população, ou seja, temos no Brasil cerca de 21 milhões de deprimidos.

Ela afeta todo o ser, acarretando uma série de desequilíbrios orgânicos, sobretudo, comprometendo a qualidade de vida e tornando a criatura infeliz e com queda do seu rendimento pessoal.

André Luiz cita nas suas obras que os estados da mente são projetados sobre o corpo através dos bióforos, que são unidades de força psicossomáticas, localizadas nas mitocôndrias. A mente transmite seus estados felizes ou infelizes a todas as células do nosso organismo através dos bióforos. Ela funciona ora como um sol, irradiando calor e luz, equilibrando e harmonizando todas as células do nosso organismo, ora como tempestades, gerando raios e faíscas destruidoras, que desequilibram o ser.

Segundo Emmanuel, a depressão interfere na mitose (divisão) celular, contribuindo para o aparecimento do câncer e de outras doenças imunológicas, sobretudo da deficiência imunitária, facilitando as infecções.

Na depressão, existe uma perda de energia vital no organismo, num processo de desvitalização.

O indivíduo perde energia por dois mecanismos principais:

1º) Perde sintonia com a fonte divina de energia vital – O indivíduo, não se amando como deve e com sentimento de autoestima em baixa, afasta-se de si, da sua natureza divina, elo com a fonte inesgotável do amor divino. Além disso, o indivíduo, ao se fechar em seus problemas e suas mágoas, cria um ambiente vibracional negativo, que dificulta o acesso à Espiritualidade Maior em seu benefício.

2º) Gasto energético improdutivo – O indivíduo, ao invés de utilizar o seu potencial energético para desenvolver potencialidades evolutivas, vivendo intensamente as experiências e os desafios que a vida lhe apresenta, desperdiça energia nos sentimentos de autocompaixão, tristeza e lamentações. Sofre e não evolui.

CAUSAS PRINCIPAIS

A depressão está frequentemente associada a dois sentimentos básicos: a tristeza e a culpa degenerada em remorso.

Quando, por algum motivo, infringimos a Lei Natural, ao tomarmos consciência do erro cometido, temos dois caminhos a seguir:

1) Erro > consciência > arrependimento > tristeza > reparação.

2) Erro > consciência > culpa/remorso (ideia fixa) > depressão.

O primeiro caminho é meio natural de nosso aperfeiçoamento. Uma vez tomando consciência de nossas imperfeições e erros cometidos, empreendemos o processo de regeneração por meio de lições reparadoras.

De outra maneira, se, ao invés de nos motivarmos a nos recuperarmos, nós nos abatermos, com sentimento de desvalia e autopunição, e permanecermos atrelados ao passado de erros, com ideias fixas e auto-obsessivas, estaremos caminhando para o estado de depressão, improdutivo no sentido de nossa evolução.

Outra condição que nos leva à depressão é citada pelo espírito de François de Genève em *O Evangelho Segundo o Espiritismo*, cap. V, item 5 (“A Melancolia”), onde relata que uma das causas da tristeza que se apodera de nossos corações, fazendo com que achemos a vida amarga, é quando o espírito aspira à liberdade e à felicidade da vida espiritual, mas, vendo-se preso ao corpo, se frustra, cai no desencorajamento e transmite para o corpo apatia e abatimento, sentindo-se infeliz. Para François de Genève, então, a causa inicial é essa ânsia frustrada de felicidade, liberdade almejada pelo espírito encarnado, acrescida das atribulações da vida, com suas dificuldades de relacionamento interpessoal, e intensificada pelas influências negativas de espíritos encarnados e desencarnados.

Outros fatores que estão determinando a incidência alarmante de depressão nos nossos dias são o isolamento, a insegurança e o medo que estão acometendo as pessoas na sociedade contemporânea.

Absorvido pelos valores imperantes, como o consumismo, a busca do prazer imediato, a competitividade e a necessidade de não perder, de ser o melhor e de não falhar, o homem está se afastando de si e de sua natureza. Adota, então, uma máscara (*persona*), que utiliza para representar um "papel" na sociedade. E, nessa vivência neurotizante, ele deixa de desenvolver suas potencialidades, não se abre, nem expõe suas emoções, pois estas demonstram o que, de fato, ele é. Enclausurado, fechado nessa carapaça de orgulho e egoísmo, ele se isola e se sente sozinho – solidão não no sentido de estar só, mas de se sentir só. Mais do que se sentir só, é a insatisfação da pessoa com a vida e consigo mesma.

O indivíduo nessa situação precisa se cercar de pessoas e de coisas para ficar bem, por desconhecer que ele se basta, pelo potencial divino que tem.

A solidão é consequência de sua insegurança, de sua imaturidade psicológica. Nos primeiros anos de vida, enquanto frágil e insegura, é natural a criança ter necessidade de que as pessoas vivam em função dela, dando-lhe atenção e proteção. É a fase do egocentrismo, predominantemente receptiva. Com o seu amadurecimento, começa a criar uma boa imagem de si, tornando-se mais segura. A partir de então, passa a se doar, a se envolver e a participar mais do mundo. O que acontece é que certas pessoas, por algum motivo, têm dificuldades nesse processo de amadurecimento afetivo, mantendo-se essencialmente receptivas, e não participativas, exigindo carinho, respeito e atenção, sem se preocuparem da mesma forma com os outros. Fazem-se de vítimas, pobres coitados, sem se responsabilizarem por si.

Conseguem o seu equilíbrio às custas das conquistas exteriores. A primeira frustração com que se deparam, não toleram, ao expor suas fraquezas, e isso motiva um quadro de depressão.

Em alguns idiomas, doença e vazio têm a mesma tradução. A doença seria decorrente de um vazio de sentimentos que gera depressão e adoece o ser.

Quando perde a capacidade de se amar, quando está com a autoestima debilitada, um indivíduo tem dificuldade de amar o semelhante, pois o sentimento de amor, de generosidade para com o próximo, é um sentir de dentro para fora. Esse sentimento de amor ao próximo nada mais é do que uma extensão do nosso amor, da nossa sintonia com o Deus interior que temos em nós. A pessoa que tem dificuldade nessa composição de amar a si e, por consequência, amar o próximo deixa de receber o amor e a simpatia do outro e não consegue entrar em sintonia com a fonte sublime e inesgotável do amor divino. Limitamos aquilo que recebemos de Deus na medida do quanto doamos ao próximo. Quem ama muito, muito recebe. Quem ama pouco, pouco recebe. Esse afastamento de si e, por conseguinte, de Deus gera a tristeza, o vazio, a depressão e a doença.

TRATAMENTO

A depressão é um sintoma que nos diz que não estamos nos amando como deveríamos.

O caminho para sairmos dela é preencher esse vazio com a recuperação da autoestima e do amor em todos os sentidos. Primeiro, procurando nos conhecermos e nos analisarmos, com o intuito de nos descobrirmos, sem nos julgarmos, sem nos punirmos ou nos culparmos. E, depois, nos aceitarmos como somos, com todas as nossas limitações, mas sabendo que temos toda a potencialidade divina em nós, esperando para desabrochar como sementes de luz. Isso nada mais é do que desenvolver a fé em si e no Criador, sentimento que transforma e que nos liga diretamente a Deus.

Uma pessoa consciente de sua riqueza interior passa a ter segurança e fé nas suas potencialidades infinitas, começando a gostar e acreditar em si, amando-se e, a partir de então, sentindo necessidade de expandir esse sentimento a tudo e todos. Começa, assim, a se despertar para os verdadeiros valores da vida espiritual, se transformando numa pessoa feliz e sorridente, pois, onde existe seriedade, há algo de errado; a seriedade está ligada ao ser doente. Sorria e seja feliz amando e servindo sempre.

A terapia contra a depressão se baseia no amar e no servir, se envolvendo em trabalhos úteis e no serviço do bem. Seja no trabalho profissional, no trabalho do lazer ou no trabalho de servir ao próximo, o indivíduo se ocupa, exercita o amor e deixa de se envolver com as lamentações, pois a infelicidade faz seu ninho no escuro dos sentimentos de cada um. Dificilmente conheceremos um deprimido entre aqueles que trabalham a serviço do bem.

Para doarmos esse amor, não basta somente fazermos obras de caridade; temos que nos tornar caridosos. Antes de fazermos o bem, temos que ser bons. Devemos dar um pão e um agasalho, mas, junto, colocar uma boa dose de afeto e carinho. Devemos ser, acima de tudo, generosos, o que é a caridade com afeto. As pessoas estão com fome de amor, calor humano, um ombro amigo, um abraço, um aconchego e uma palavra de carinho.

Às vezes, com um simples sorriso, um bom dia e um olhar afetuoso, nós estamos doando energia e transmitindo vida.

O homem alcançou um enorme progresso intelectual, satisfazendo suas necessidades materiais com os avanços tecnológicos. Porém, ainda se depara com enormes dificuldades na convivência fraterna com o seu semelhante. Estamos cada vez mais próximos uns dos outros através dos meios de comunicação; no entanto, mais afastados emocionalmente. Agora, o homem está sentindo a necessidade premente de desenvolver a afetividade, de se envolver, amar e sentir o seu semelhante.

Temos que ressuscitar e liberar a criança que está esquecida em nós. Para resgatarmos essa criança adormecida em nós, é necessário que vejamos o mundo de forma positiva e otimista. A nossa criança interior geralmente se encontra retraída e oprimida, porque a vida nos apresenta de forma desagradável. Ainda não vivemos de forma natural, espontânea, e isso gera ansiedade e sofrimento. Como a criança é movida pelo prazer, ela se recolhe e não se manifesta.

A criança não se julga e não se pune. Ela apenas vive o hoje, o agora, integrada perfeitamente a Deus e à natureza. "Deixai vir a mim as criancinhas, porque o reino dos céus é de quem se assemelha a elas." Com essas palavras, Jesus quis dizer que teremos que ser puros, autênticos, integrados com a nossa natureza divina, sem fugas ou máscaras, para alcançarmos a nossa evolução espiritual.

Ter atitudes simples, como lidar com animais e brincar com crianças; fazer atividades criativas, como pintar quadros e tocar instrumentos; fazer pequenas tarefas domésticas; cozinhar; manter uma conversa amena; contar um caso; ver um bom filme; escutar uma música; cantar; sorrir; ouvir com atenção; olhar com ternura; tocar as pessoas; abraçar; fazer um elogio sincero; curtir a natureza; admirar o pôr do sol etc. – essas são tarefas que muito o ajudarão a reencontrar o equilíbrio e a harmonia interior.

Mantenha sempre o bom humor. Aquele que tem no ideal de servir uma meta de vida será sempre uma pessoa feliz. Na vida, o que mais importa é o amor e o bem-querer das pessoas. Viva suas emoções e não se deixe afetar por coisas pequenas. Muitas vezes, nos deixamos abater por problemas que, se olharmos com olhos de espíritos eternos em passagem pela Terra, não valorizaríamos.

Substitua sentimentos de autopiedade por vibrações em favor dos que sofrem. Se olharmos com atenção e interesse ao nosso redor, veremos que existem pessoas com problemas muito piores do que o nosso a pedir socorro.

Procure praticar atividades físicas regulares, como a caminhada, um esporte ou um lazer. A mente parada começa a criar pensamentos negativos, que se assemelham a lixos amontoados em casa. Com essas atividades, você estará desviando sua mente dos pensamentos deletérios.

Torne-se empreendedor e seja dinâmico, criando ideias novas e construtivas em benefício do semelhante, com motivação para implementá-las, junto ao grupo ou à comunidade a que pertence. Não fique estagnado esperando que as coisas aconteçam em seu favor. Aja em favor do próximo e não se surpreenda se você for o mais beneficiado.

Leituras edificantes e uma conversa com um amigo, um terapeuta ou um orientador espiritual ajudam você a ver o problema por outro ângulo.

A oração é um recurso indispensável no processo de recuperação. Através dela, estabelecemos sintonia com a Espiritualidade Maior, facilitando o caminho para que nos inspirem e revigorem nossas energias.

Não nascemos para sofrer. A vontade de Deus é a nossa alegria e a nossa felicidade. Se sofrermos, é por nossa causa. Os nossos problemas e as nossas dificuldades devem ser interpretados como instrumentos para a nossa evolução.

Nunca devemos nos deprimir ou nos revoltar contra eles. O melhor aprendizado é aquele que tiramos de nossa própria vida.

O vocábulo "crise", em algumas línguas, pode ter dois significados: a oportunidade ou o perigo – oportunidade de crescimento ou perigo de queda.

O que importa é sabermos que os problemas com que nos deparamos na vida só surgem quando já temos condições de solucioná-los. Como disse o Mestre Jesus, "o Pai não coloca fardos pesados em ombros fracos". Desse modo, ficamos mais fortes ao saber que temos todas as condições interiores para enfrentar as dificuldades que a vida nos apresenta.

Devemos ter consciência de que, acima de tudo, tem um Deus maior a zelar por nós e que nunca nos abandona. Devemos confiar em Jesus e seguir Seu exemplo de vida. "Eu sou o Bom Pastor; tende bom ânimo; não turbeis o vosso coração; vinde a mim vós, que andais fatigados, cansados e oprimidos, e eu vos aliviarei."

SUICÍDIO

Uma das causas de suicídio é o indivíduo se achar impotente e fraco para enfrentar suas dificuldades. Ele se julga inferior, incapaz e vítima da sociedade, desprezando a força que tem. Aí os problemas passam a ter uma dimensão muito maior e ele se vê impossibilitado para resolvê-los.

Seguindo essa linha de raciocínio, não existe pessoa "fraca" a ponto de não suportar um problema, que ela julga, de certa forma, demasiado para si. O que, de fato, ocorre é que essa criatura não teve força de mobilizar a sua vontade própria para enfrentar aquele desafio. Preferiu fugir, acreditando poder se libertar daquela situação. Só que não irá conseguir, pois a morte é apenas uma mudança de estado. A pessoa continua sendo a mesma, com os mesmos sentimentos e os mesmos problemas.

O mais grave é que o suicida acarreta danos ao seu perispírito. Quando voltar a reencarnar, além de enfrentar os velhos problemas ainda não solucionados, terá acrescido a necessidade de reajustar a sua lesão perispiritual.

Devemos ter a vontade firme de eliminar o mal invasivo da depressão, e vários caminhos podem ser percorridos: tratamento medicamentoso (às vezes necessário); trabalho espiritual, incluindo a desobsessão, água fluidificada e passes magnéticos; trabalho beneficente; mudança de atitude etc.

Após iniciado o processo de recuperação, é necessário que nos tornemos vigilantes, por ser muito comum a melhora cíclica, com altos e baixos. "Vigiai e orai." É importante aproveitar os períodos de melhora para empreender trabalhos edificantes no bem, consolidando as conquistas efetuadas.

Uma coisa fundamental de que devemos ter consciência é que ninguém e nada podem nos fazer infelizes se não quisermos. O centro de gravidade do nosso equilíbrio psicoemocional tem que estar localizado em nós, e não nas coisas exteriores.

Não se deve condicionar a sua felicidade a algo que aconteça ou esperar que alguém o faça feliz. Estando com o seu centro de equilíbrio estável, se amando e se aceitando como é, você passa a viver o agora e aceitar as pessoas e as circunstâncias como elas são. Além disso, passa a ver as qualidades do outro, e não os seus defeitos, pois vemos geralmente o outro como um reflexo do nosso estado íntimo.

Não aceite o convite para sofrer, que venha de outra pessoa ou de você para você mesmo. Proteja-se. Emita pensamentos bons.

Nada pode abalar aquele que alcançou o amor, a paz, a harmonia interior e, sobretudo, a fé em Deus.

BIBLIOGRAFIA

FRANCO, Divaldo Pereira. O Homem Integral. 3. ed. Salvador: Leal, 1990.

KARDEC, Allan. O Evangelho Segundo o Espiritismo. 2. ed. Brasília: FEB, 2013. Cap. V, item 25.

REVISTA ESPÍRITA ALLAN KARDEC. Goiânia, ano X, n. 37, jan./mar. 1998.

SILVA, Marco Aurélio Dias da. Quem Ama Não Adoece. Rio de Janeiro: BestSeller, 2014.

XAVIER, Francisco Cândido. Missionários da Luz. 21. ed. Brasília: FEB, 1988.

XAVIER, Francisco Cândido. O Consolador. 13. ed. Brasília: FEB, 1986.

Texto de Dr. Wilson Ayub Lopes, extraído do Boletim da Associação Médico-Espírita do Estado do Espírito Santo.

“

Tudo passa...
Todas as coisas na Terra passam...
Os dias de dificuldade passarão...
Passarão, também, os dias de amargura e solidão...
As dores e as lágrimas passarão...
As frustrações que nos fazem chorar... Um dia passarão...

”

Chico Xavier

Destino

Após dois dias, Nina me procurou para darmos continuidade a este livro. Logo que ela chegou, resolvi conversar sobre algo que mexia muito comigo desde o nosso último encontro. Naquele momento, reparei que a seu lado havia uma jovem de uns 16 anos, ruiva como a Nina, mas calada. Ela estava muito bem-vestida e era de uma beleza incomum, assim como a Nina.

– Oi, Osmar!

– Oi, Nina!

– Quero apresentá-lo à Laís.

– Oi, Laís!

– Oi, Osmar!

– Laís chegou recentemente à Colônia Espiritual Amor e Caridade e vai nos acompanhar nesta psicografia. Você se importa?

– Claro que não, Nina.

– Apresente-se, Laís – disse a mentora.

– Eu me chamo Laís. Cheguei à Colônia Amor e Caridade há poucos meses. Estou em tratamento na colônia. A

Nina é minha instrutora e tenho aprendido muito com ela. Ela está me ajudando bastante.

"Em minha última encarnação, sofri muito com a depressão e continuo em tratamento na colônia, como disse, para me livrar definitivamente dos pensamentos e sentimentos que carrego comigo. Embora eu tenha terminado minha experiência na matéria, esses sentimentos e pensamentos destrutivos insistem em viver dentro de mim. A depressão é um transtorno que o espírito carrega consigo mesmo após o desencarne. Acho muito importante que todos saibam disso e fiquem cientes de que o fato de estarmos fora da matéria não modifica o que somos por dentro.

"Logo que cheguei à vida espiritual, fui levada para um hospital, onde fiz alguns tratamentos. E até já passei por outros hospitais especializados no que carrego comigo, que ficam em outras colônias espirituais. Agora tenho a oportunidade de estar ao lado da Nina, minha instrutora, e logo estarei totalmente liberta do mal que sofri durante alguns anos."

– O desencarne não muda o estado consciencial de ninguém, Osmar. Um espírito que desencarna com depressão chega à vida espiritual com depressão – disse Nina. – Tolos são os que pensam que a morte nos livra daquilo que carregamos em nós mesmos, como disse a Laís.

– Quer dizer que quem desencarna com alguma síndrome chega à vida espiritual com a síndrome?

– O que você é não se modifica pelo fato de ter desencarnado. Se assim o fosse, morrer cessaria todos os seus problemas. Não há mágica para quem chega aqui.

"Imagine um assassino. Se, ao chegar à vida espiritual, tudo o que fez de mal terminasse com a morte... Onde estaria a justiça divina se, com o advento da morte da matéria, tudo cessasse?

"Aqui é a continuidade do aí. Fique certo disso...

"Aprenda a não separar o que você é atualmente do que você será ao morrer.

"Não existem dois seres dentro de você. O que você é, será em todo lugar...

"Ninguém ganha asas e vira anjo porque morre e, muito menos, se torna um diabo porque deixou de existir na matéria.

"O que acontece é que o que você é pode ser potencializado. Isso é muito comum por aqui."

– Potencializado? Como assim?

– Ao desencarnar e perceber que não morreu e que não houve nenhuma punição pelas suas escolhas, o que você é se potencializa. Seu caráter se potencializa aqui.

"Se você é bom, tona-se melhor. Mas, se você é uma pessoa má, pode ser que a maldade se potencialize em você. A escolha é e será sempre sua. Não é muito comum que os espíritos, ao se conscientizarem eternos, escolham fazer o mal. Isso é o que compensa estar fora do corpo quando não se tem certeza do que realmente se quer da vida.

“O normal é que, ao se conscientizarem da eternidade do espírito, se arrependam e procurem sua evolução pessoal o mais depressa possível.

“Isso é o que acontece com quem chega aqui doente pela depressão e outras síndromes. Ao perceber que é eterno, o espírito busca ajuda para curar a dor que tanto lhe fez mal.

“É, e sempre será, livre... Essa é a verdadeira justiça de Deus.

“Osmar, o livre-arbítrio é o maior presente que recebemos do Criador, respeitado em todas as circunstâncias. Fique certo disso...”

– Meu Deus...

– Ele mesmo – disse Nina.

– Quer dizer que você está se tratando, Laís?

– Sim, estou em tratamento para me livrar definitivamente dos sentimentos e pensamentos destrutivos que me levaram a deixar a vida corpórea.

– Você é uma suicida?

– Sim, infelizmente, a depressão me levou ao suicídio. O que todos precisam saber é que a depressão não é fácil de se curar. Mas agora estou bem, me recuperando e entendendo tudo o que aconteceu comigo.

“A depressão é um estado mental não desejado por quem sofre com ela. E eu espero que minha experiência ajude outras pessoas a se curarem.

“Eu nunca quis ter depressão, mas meu passado espiritual foi a causa principal por eu viver uma encarnação inteira com depressão. Agora são novos caminhos, e quero esquecer meu passado e viver intensamente meu futuro e tudo o que estou aprendendo aqui na vida eterna.”

– Aproveite, então.

– Faço o melhor de mim – disse a jovem.

– Isso me despertou algo.

– O que, Osmar?

– Destino, Nina.

– Destino?

– Sim.

– O que você quer saber sobre destino?

– Existe destino?

– Por que você quer falar disso?

– Vejo muitas pessoas sofrendo de depressão, e elas sempre me dizem ser seu destino viver assim. Alguém pode estar destinado a ser depressivo? Laís encarnou com depressão para reparar seu passado? Foi seu destino, Laís?

– Acho que podemos falar sobre o destino. Acho interessante abordarmos esse tema – disse Nina, interessando-se em nos explicar mais sobre tudo o que nos acontece.

– Eu sinceramente não acredito que alguém nasça para sofrer, Nina – disse.

– Pode ser que esteja no plano encarnatório do espírito. O que você acha? – perguntou a mentora.

– Tenho minha opinião sobre o tema. Perdoe-me – insisti.

– Se você tem uma opinião, eu gostaria de saber.

– Sério?

– Sim. Acho que podemos conversar sobre...

– Penso que o tema é bem controverso, mas eu perguntaria: destino ou livre-arbítrio? Sim, porque muitos irão rebater meu posicionamento alegando que o destino não existe, pois, se existisse, não haveria o livre-arbítrio. Mas, confesso, Nina, depois de tudo o que aprendi e aprendo com vocês em todas as psicografias, acho que destino e livre-arbítrio são coisas muito diferentes.

– Interessante, Osmar. Continue...

– Destino ou livre-arbítrio? Precisamos nos posicionar sobre o tema, como disse. O mais interessante e que eu gostaria que todos soubessem é que esse é um direito de todos nós. Precisamos praticar a fé raciocinada. Perdoem-me os que acham diferente ou que seguem o que os melhor conforta, mas, sempre que posso e tenho permissão, eu pergunto aos meus mentores sobre os aspectos da vida. Acho que devemos aproveitar ao máximo esses encontros e extrair deles tudo o que possa nos auxiliar em nossa evolução.

– Estou do seu lado, Osmar, e é bom que todos sigam as orientações trazidas por nós. Não fiquem presos a velhos livros e velhos ensinamentos. Tudo se transforma e segue o curso natural da evolução, inclusive as mensagens que chegam a vocês dos planos espirituais. Todos os dias, você é uma página em branco. O que tem feito da sua evolução?

– Acredito nisso, Nina. Acredito sinceramente que não devemos ficar estacionados. Temos que buscar o tempo todo.

– Então, me diga, em que você acredita?

– Acredito que, à medida que vamos evoluindo, com as mensagens que recebemos e com os acontecimentos do cotidiano da vida, essas informações são atualizadas por vocês. Não creio que o Criador e a Criação sejam algo definitivo, estacionado. Sinceramente, acho que estamos muito longe do que é a existência espiritual e de tudo o que envolve Deus. Acho que precisamos ser mais inteligentes. As coisas não podem ter fim... Se a Criação tiver um fim, por que criar um Universo infinito?

– Você está começando a dar passos em direção à sua evolução, Osmar, e é assim que funcionam as coisas de

Deus. À medida de seu merecimento e crescimento intelectual, novas orientações são trazidas ao plano terreno por meio de vários mensageiros de luz para auxiliá-los em seus processos pessoais evolutivos. Não há mistérios. Porém, de nada adianta falar a surdos ou pintar uma bela obra de arte para cegos.

"Tudo no Universo segue a Lei Natural da evolução. Nada está estacionado, nem seu planeta, que gira sem parar, vagando pelo lindo Universo.

"Há muitos mistérios que lhe serão revelados à medida de seu merecimento e de sua compreensão, porque você precisa compreender todo o processo para poder aceitá-lo e participar dele."

– E tem muita gente que vive no passado, não é, Nina?

– Cada um evolui em seu tempo, Osmar. Sejamos pacientes.

– Eu sou. Mas gostaria de convidar todos os leitores desta obra a uma profunda reflexão sobre o assunto destino e livre-arbítrio.

– Estou desejosa em ouvi-lo.

– Comecemos, então, por refletir sobre os verdadeiros objetivos da nossa existência terrena. Ou melhor, comecemos pela seguinte questão: terá realmente a nossa existência um objetivo predefinido ou será uma simples obra do acaso?

"O tempo todo ouvimos dos espíritos que nada está ao acaso e que tudo tem uma razão, um motivo...

"Partindo do princípio básico, largamente aceito, quer pela ciência, quer pela nossa própria razão, de que, no Universo, 'todo efeito tem uma causa', somos forçados a concluir que também a nossa presença na Terra tem de ter uma causa."

– É verdade, Osmar. Prossiga...

– A esse respeito, Nina, importa saber que, segundo a definição dada pelos espíritos a Allan Kardec, nós, espíritos, somos "os seres inteligentes da Criação" e fomos criados simples e ignorantes com "destino" a, pelo esforço próprio, degrau a degrau, subirmos a escada do progresso até atingirmos a perfeição. Não é isso?

– Degrau a degrau, vai alcançando seus objetivos pessoais. Nisso estão a misericórdia e a sabedoria divinas.

– Então, Nina, entendamos por perfeição o estado de equilíbrio entre moral e conhecimento, num grau de tal modo sublimado que todo o nosso tempo, empenho e saber sejam empregados na prática do bem e na cooperação total com os desígnios de Deus, perfeitamente ajustados às Suas sábias Leis.

– Você está correto.

– Todos os mensageiros que, até os dias atuais, tive a oportunidade de conhecer e psicografar alguma mensagem ao lado insistem em nos dizer que "Deus criou todos os espíritos simples e ignorantes, ou seja, sem conhecimento. Deu a cada um deles uma missão, com o fim de os esclarecer e progressivamente conduzir à perfeição, pelo conhecimento da verdade e para os aproximar d'Ele. A felicidade eterna e sem perturbações, eles a encontrarão nessa perfeição."

– Osmar, os espíritos adquirem conhecimento passando pelas provas evolutivas, que se apresentam naturalmente. Deus não é, nunca foi e nunca será um tirano. Ele é amor em essência e, sendo a fonte perfeita do amor, não pratica nenhum tipo de imposição ou castigo. Deus não exige nada. Deus oportuna tudo. Guarde isso...

– Exatamente, Nina. Se não fosse assim, qual seria a necessidade da existência de Deus?

– Muito bem, Osmar.

– Diante disso, Nina, não podem nos restar dúvidas de que cada vinda nossa a este mundo, ou a qualquer outro mundo material, visando objetivos muito concretos e evolutivos, tem de ser rigorosamente pensada e programada, de modo que dê frutos. Não pode, de forma alguma, ser um acaso. Não faz sentido ser acaso tudo o que acontece conosco...

– Perfeito, meu escritor.

– Penso que, se assim não fosse, seria como imaginar empreender uma grande viagem perfeitamente ao acaso, sem planejamento, ou fazer um curso escolar que não obedecesse a qualquer currículo ou programação.

– E qual o motivo de irmos à escola?

– Acredito que seja para aprendermos. Para adquirirmos conhecimento, sabedoria. Para nos tornarmos melhores... Para aprimorarmos, à medida de nosso esforço, nosso intelecto e, assim, nos aperfeiçoarmos.

"A Terra, para nós, minha querida mentora, é um lugar de aprendizagem, uma escola abençoada, onde aprendemos e colocamos em prática nossas virtudes. Como em qualquer escola, quem se empenha e trabalha com dedicação vai, progressivamente, ingressando em níveis superiores, até atingir o máximo que ela permite. Após isso, quando provar estar preparado, passará para outra escola, de caráter universitário, depois para novas e assim sucessivamente, sempre sendo confrontado com degraus mais exigentes de aprendizagem e evoluindo à medida de seu esforço, compreensão, entrega e dedicação."

– Prossiga...

– Por outro lado, Nina, quem não se dedica; quem teima em encarar a escola como um vulgar passatempo, lugar de divertimento; quem empata o seu tempo de forma inútil e fútil, muitas vezes acumulando problemas para si e para os outros, não terá tão cedo condições para avançar nos degraus dos diversos níveis que a escola proporciona e, muito menos, seguir para escolas de níveis superiores. Ficará para trás, como ficam aqueles que, encarnados, desperdiçam a oportunidade de aprender e evoluir... Simples assim...

– Posso lhe assegurar, Osmar, que a obrigatoriedade de estudar, trabalhar e esforçar-se é realidade. Não se pode fugir disso. São também reais a exigência de só avançar nos diversos níveis quem tem condições para tal bem como a exigência de retenção e de repetição de experiências como uma nova oportunidade de progresso, através das reencarnações.

“Mas o modo como cada espírito encara as suas obrigações escolares ou experiências terrenas é pessoal, ou seja, é o livre-arbítrio em pleno funcionamento. E, precisamente por isso, no exercício do seu livre-arbítrio, principalmente nos primeiros estágios da sua caminhada evolutiva, nem sempre avança sem desvios, tendo consequências.

“Na busca pelo bem, o qual é o seu destino, até que se ajuste às Leis Divinas, vai cometendo erros que, liberto da sua condição material, ao regressar à pátria espiritual, o vão levando ao arrependimento, mais ou menos rápido e sincero conforme o estado da sua consciência, equivalendo a dizer, conforme o grau evolutivo em que se situe.

“E é aí que surge em todos os espíritos a ânsia de expiação, pela dor ou pelo amor, não porque Deus exija de nós o resgate como forma de castigo, mas, antes, porque reconhecemos ser a única forma de nos libertarmos dos males que nos pesam e entravam o prosseguimento da marcha rumo à felicidade plena.

“Voltar à Terra, Osmar, não é um castigo, mas é, convenhamos, uma fatalidade, uma nova oportunidade, porque se insere nas Leis de Deus, que são justas, infringíveis e imutáveis.”

– É isso, Nina.

– Mas não podemos voltar de qualquer maneira, né? A encarnação é sempre combinada. Para os objetivos serem atingidos, muita coisa tem de ser planejada com muito cuidado, desde a escolha da família que o acolhe (onde vai encontrar, na maioria das vezes, os desafetos com que tem de saldar dívidas, mas também os afetos que o ampararão e fortalecerão para evitar novas quedas) até o corpo, templo abençoado do espírito, que lhe proporcionará as situações de saúde ou doença, conforme o que mais convenha às necessidades evolutivas, às provas pelas quais terá de passar, à forma como se dará o desencarne, ou seja, o regresso ao mundo espiritual...

– É exatamente isso que penso, Nina.

– No entanto, Osmar, nem aqui se dará violação da nossa liberdade, uma vez que toda a programação é feita com o nosso conhecimento e intervenção (salvo as exceções impostas por extrema falta de condições do espírito reencarnante, como as reencarnações compulsórias), e, só após intensa preparação do espírito, ele empreenderá essa importante jornada de regresso ao mundo material.

– Continue, por favor, Nina.

– Talvez, Osmar, aquilo que vulgarmente chama de destino, seja mais adequado chamar de programação de vida. Você não acha?

– Concordo plenamente.

– Osmar, é verdade que o destino está nas nossas mãos, se pensarmos que apenas se cumpre aquilo que nós mesmos planejamos. E aquilo que encaramos como fatalidade nada mais é do que grande oportunidade, fruto da justiça, mas também do infinito amor e misericórdia do nosso Pai.

– É, Nina. No entanto, eu acho que é errado pensar que, forçosamente, toda a nossa caminhada tem de ser pontuada exclusivamente pela dor e pelo sofrimento. Acho que podemos e merecemos oportunidades mais felizes.

– O mais importante é que vocês não esqueçam que a semeadura é livre, mas a colheita é obrigatória em todos os planos da Criação.

“Asseguro que uma vida depressiva é, na verdade, oportunidade desperdiçada. Todos que sofrem de depressão devem se empenhar para compreender-se primeiramente como espíritos eternos e buscar ajuda incansavelmente, até que consigam se alinhar ao projeto evolutivo pessoal traçado antes mesmo da encarnação.

“Cabe a todos nós, espíritos, a escolha de como empregamos o nosso tempo. Se podemos semear o bem, por que escolher continuar presos a dívidas e resgates que nos atam por tempo indeterminado a colheitas dolorosas?”

– Verdade, Nina.

– Osmar, somos espíritos eternos, e ser feliz é o nosso destino e obrigação. Mas, precisamente pelo respeito ao nosso livre-arbítrio, Deus está nos esperando e só depende de nós chegarmos mais depressa ou com mais demora à verdadeira morada. Por isso, asseguro, viver uma vida depressiva é perda de tempo e de oportunidades.

"Todo aquele que está sofrendo com a depressão deve procurar ajuda das medicinas espiritual e humana, oferecidas abundantemente, ciente de que não é fácil vencer a depressão, é claro.

"Use sempre o livre-arbítrio como ferramenta evolutiva, e nunca como forma de punição."

– Fico feliz em conversar com você e perceber que o que já aprendi está consoante à existência espiritual, Nina.

– Você está onde está para evoluir. Não desperdice as oportunidades que se apresentam como acasos, mas que, na verdade, são propostas para a sua evolução. E que fique bem claro: a evolução é pessoal e intransferível; ninguém poderá evoluir por você. Portanto, não deposite nos outros o que pertence a você... Deixe o passado onde ele sempre deve estar. Viva o presente intensamente e aposte no futuro, por poder existir e, se existir, dever ser feliz...

– Eu já aprendi isso com vocês.

– Osmar, que todos saibam que o destino inicial da reencarnação é este: nascer no local e no tempo certo, no espaço justo e junto a pessoas e situações de que mais precisamos.

"A partir daí, valerão nossas escolhas pessoais. Compete, pois, a cada um o melhor ajuste perante as propostas iniciais, tendo em vista que o maior sucesso é conquistarmos a liberdade espiritual para avançarmos além, nos reinos superiores da Criação e que se encontram neste Universo do qual fazemos parte.

"Se tivéssemos nascido com um destino traçado e inflexível, não teríamos direito ao uso do livre-arbítrio, outorgado a todos por Deus. Mas uma coisa é certa... Temos algo a fazer...

"E isso aí podemos chamar de cocriação...

"A felicidade total é destino de todos os espíritos. Nunca se esqueça disso."

– Obrigado, Nina.

– Não agradeça. Escreva...

Laís estava sentada assistindo ao nosso diálogo, calada e reflexiva.

– Eu queria lhe dizer uma coisa, Nina.

– Diga.

– Sabia que foi você quem me ensinou a viver e evoluir?

– Eu?

– Sim. Aprendi com você a lidar com minhas dificuldades pessoais, meus dramas diários.

– O que você aprendeu? Conte-nos.

– Aprendi que o outro nunca vai entender meus propósitos e que a encarnação é, na verdade, uma rara oportunidade que não devemos desperdiçar em hipótese alguma.

– Como assim, Osmar?

– Estou encarnado ao lado de espíritos que precisam expiar comigo, os quais são espíritos que escolhi, não é isso?

– Sim. Sua encarnação foi planejada para que, através das oportunidades ao lado de outros espíritos, você possa purgar o pretérito, reparando definitivamente suas falhas e, assim, aperfeiçoando-se para seguir em frente.

– Pois é. E qual é a nossa maior dificuldade?

– Acredito que seja nas relações pessoais.

– É isso. Eu, pelo fato de ser médium, escritor etc., não tenho nenhum privilégio, não é mesmo?

– Infelizmente, não.

– Cada espírito que expia ao meu lado está em um grau diferente de evolução, não é?

– Sim.

– Penso assim, Nina... Se estiver errado, por favor, me corrija.

– Diga.

– Penso assim... Imagine que a evolução é um prédio de 30 andares.

– Sim.

– Imagine que estou no décimo andar e que minha esposa, por exemplo, está no décimo sétimo andar.

– Sim.

– Estamos em andares diferentes, não é?

– Sim. Quem está no décimo pensa de um jeito, vive de um jeito, encara as provas evolutivas de um jeito, se aceita de um jeito etc.

– É isso.

– Isso o quê?

– Eu não posso modificar quem está no décimo sétimo andar. Tenho que entender que quem está no décimo sétimo é diferente de mim e que, por mais que eu tente explicar, quem está lá não entenderá.

– Isso serve para todos os andares, não é, Osmar?

– Exatamente. Sabe por que a gente sofre, Nina?

– Por que, Osmar?

– Porque sempre queremos impor aquilo que achamos ser o melhor para o outro. Estamos sempre querendo mudar a pessoa de andar, por acharmos que o que é perfeito para nós será também para o outro. Temos que respeitar cada um e tentar modificar o outro através do exemplo, e não das palavras. Sabe por que, Nina?

– Por quê?

– Porque o exemplo é mudo e as palavras ecoam raiva e desunião em quem não tem ouvidos para ouvir... Nem sempre a pessoa está preparada ou quer ouvir o que você acha que é certo e tenta explicar e fazer entender a ela.

– Parabéns.

– Aprendi com você. Eu hoje falo minha posição. Sei que quem não compreende é porque ainda não tem capacidade intelectual de compreender.

"Não é que eu me ache superior a quem quer que seja; não sou e tenho plena consciência de que nem sequer comecei a caminhar... Acontece é que busco sempre refletir sobre tudo o que falo e faço para não ferir ninguém. Acho ser esse o primeiro passo para minha melhora espiritual.

"Eu não conseguirei mudar essa pessoa que está em um andar diferente do meu brigando ou impondo. Eu só conseguirei mudá-la através do exemplo e, algumas vezes, me mantendo em silêncio."

– Continue assim e você vencerá o mundo.

– Esse é meu objetivo. Eu não quero voltar novamente aqui, não como encarnado. Quero poder voltar para ajudar quem amo, mas de outra forma.

– Fico feliz, Osmar.

– Que bom, Nina!

– Fico feliz que você esteja compreendendo os motivos da encarnação e evoluindo.

– Se não fosse você, o que seria de mim?

– Obrigada, Osmar.

– Sabem o que é mais difícil dentro desse processo, Nina e Laís?

– O quê?

– Aceitar que você não vai conseguir mudar seu filho, seu neto, seu irmão, seus pais... Isso é o que dói. Dói quando você enxerga o que é preciso para vencer na vida, mas as pessoas que você mais ama valorizam exatamente o que as afasta da evolução.

– Passei por isso – disse Laís.

– Cada um está em um andar, lembra? – disse Nina.

– Eu sei, mas dói... – respondi.

– Posso lhe dar um conselho, Osmar?

– Claro, Nina.

– Evolua e adquira condições espirituais de forma que você tenha permissão para transitar entre todos os planos da Criação e ajudar efetivamente quem você tanto ama. Um dia, aqueles que você tanto ama irão desencarnar, e é nessa hora que o que você defende, acredita e prega se tornará realidade. É nessa hora que suas palavras serão lembradas. Portanto, levante a cabeça e trabalhe. O resultado é fantástico. Eu lhe garanto.

– É nisso que acredito e sigo, às vezes muito triste, mas superando cada dia, escrevendo algo de bom nas páginas em branco que recebo de Deus todas as manhãs. Essa é a minha história, e não posso nem devo permitir que alguém a escreva. Tenho a obrigação de ser o autor de uma bela vida, Nina.

– Continue escrevendo.

– Nina, quando você me falou sobre velhos livros e velhos textos, o que, na verdade, você quer nos revelar?

– Quando digo a vocês para que não fiquem presos a velhos livros, velhos ensinamentos, ideologias, crenças e tudo mais relacionado a isso, quero alertá-los de que a nossa missão atualmente no Espiritismo é modernizar os velhos ensinamentos, pois todos estamos em evolução constante e de nada adianta ficarmos presos a velhos versículos, velhas mensagens, antigos conselhos etc.

– Posso lhe dizer uma coisa?

– Sim. Fique à vontade.

– Olhe este exemplo, por gentileza.

– Diga.

– No Velho Testamento, e também na Torá e em alguns velhos livros, está escrito “aquele que com o ferro fere, com o ferro será ferido” e “dente por dente, olho por olho”. Lembra?

– Sim.

– Foi quando Jesus veio e disse: “A cada um será dado segundo suas obras” (Mateus 16:27).

– Sim.

– Depois, o Espiritismo trouxe a seguinte mensagem: “Não faça ao outro aquilo que não deseja para si, porque colhe na vida espiritual o fruto da semeadura terrena”.

– Exatamente.

– Todas as frases dizem o mesmo, mas em tempos diferentes. Assim, velhos livros, velhos textos e velhas mensagens vêm se modernizando com o passar do tempo, seguindo o roteiro normal da evolução dos espíritos.

“Sendo assim, minha querida mentora, podemos observar que a modernização dos ensinamentos evangélicos corre a galope, convidando-nos a evoluir.

“Devemos respeitar o passado, mas nunca viver nele.”

– Essa é a verdadeira missão dos espíritos, Osmar.

– Auxiliar-nos a evoluir, não é, Nina?

– Exatamente.

– Obrigado, Nina e Laís.

– Voltemos ao livro?

– Sim. Proponho escrevermos... Sou seu lápis.

Naquele momento, me propus uma pequena pausa reflexiva...

Como é bom e gratificante ser médium e escritor!

Obrigado, Deus!

“

Todas as limitações estão em nosso pensamento e em nossa consciência, em nossa mente.

”

Osmar Barbosa

Quem somos nós?

Após alguns dias, voltamos a nos encontrar para darmos continuidade a esta obra. Eu estava extremamente curioso com o que Nina e Laís tinham para nos revelar.

Afinal, quais são as instruções que merecemos?

O que elas queriam que eu escrevesse desta vez?

Foi quando elas chegaram e me convidaram a dar continuidade ao livro.

– Oi, Osmar!

– Oi, Nina! Oi, Laís!

– Como você está? – perguntou Nina.

– Estou bem.

– Vamos continuar o livro?

– Sim, claro. Eu estava mesmo esperando vocês.

– Não vamos perder tempo. Venha, me siga em desdobramento.

– Sim. Mas, antes, eu posso lhe perguntar uma coisa?

– Sim, claro que pode.

– Você me convidou para escrevermos sobre a depressão mais uma vez. Qual sua intenção com este livro, Nina?

– Instruir todos que precisam entender e, se possível, aprender a lidar com as dificuldades que se apresentam em uma encarnação, entre elas a depressão. Afinal, eu já passei por algumas encarnações. São elas que me qualificam para poder transmitir a todos que lerem esta obra alguns conselhos e também conscientizar todos sobre o momento que o plano em que estão encarnados passa.

"Atualmente, muitos irmãos sofrem com várias síndromes, entre elas a que estamos tratando nesta obra, a depressão, como disse. Os conselhos e as orientações que iremos lhes passar auxiliarão muitos de vocês a superarem esse momento e a se curarem, sendo possível voltarem a sorrir. Eu e a Laís temos muito a oferecer."

– Nossa, que legal!

– E eu quero começar por você. Pode ser?

– Por mim?

– Sim.

– Tudo bem – disse, surpreso.

– Vamos. Comece a escrever.

– Sim.

– Osmar, deixe-me perguntar uma coisa para você.

– Diga, Nina.

– Tenho notado esses dias que você tem andado muito preocupado, triste e pensativo. Eu posso ajudá-lo em algo?

– Você notou?

– Sim.

– Quando?

– Nem sempre somos visíveis a vocês. Algumas vezes, estamos por perto sem que vocês percebam. Afinal, temos que respeitar o livre-arbítrio, como discutido no capítulo anterior.

– É bom saber disso.

– Um mentor espiritual não precisa mostrar seu trabalho. Na maioria das vezes, vocês nem sequer percebem nossa intercessão naquilo que podemos ajudar. Esse é o trabalho de um mentor espiritual.

– Sou grato por isso, Nina.

– Eu gostaria muito que você se abrisse comigo. Abra seu coração. Vamos lá…

– Sabe o que é, Nina? É que a vida, hoje em dia, é muito estranha. Não está nada fácil viver atualmente. As pessoas estão mais distantes e frias.

– Não acho que a vida seja estranha.

– É estranha, sim, Nina, porque é preciso tristeza para conhecer a felicidade, barulho para apreciar o silêncio e ausência para valorizar a presença… O mundo está assim.

“Não é nada fácil fazer o que faço, exercer minha mediunidade e trabalhar para auxiliar os outros sem ser julgado por quem se quer saber meu sobrenome.”

– É a modernidade, Osmar. Faz parte da prova tudo o que você vive. Deixe-me dizer umas coisas para você, se me permite, é claro.

– Diga, Nina.

– Não se arrependa de ser uma boa pessoa com as pessoas erradas. Suas ações dizem tudo sobre você, e as ações delas dizem tudo sobre elas.

“As pessoas valorizam mais o material do que o espiritual, e quem vive o contrário sofre julgamentos infelizes.

“Todos estão mais preocupados em ganhar dinheiro. Não condenamos quem tem dinheiro e, muito menos, quem ganha com trabalho honesto. Ter dinheiro é bom, mas fique sabendo que o dinheiro só traz problemas em sua vida em duas circunstâncias…”

– Quais, Nina?

– Primeiro, quando você tem…

– E segundo?

– Segundo, quando você não tem…

“O problema não é ter dinheiro; é o dinheiro ter você, Osmar.

“A geração atual é a que mais vive de aparência de todos os tempos…

“As redes sociais ensinaram vocês a viverem uma vida editada, cheia de filtros e outras figuras ilusórias.

“Atualmente, vocês vivem uma vida de comparação... E a comparação é a mãe da frustração. É bom que todos saibam disso.”

– Tem razão, Nina.

– Geralmente, a grama do vizinho é mais verde que a sua porque ela é sintética; ela nunca é natural. Fiquem atentos a isso. Vocês gostam de viver de aparências, não acha?

– Pior que é verdade, Nina.

– Uma geração que compra o que não precisa, com o dinheiro que não tem, para impressionar pessoas que vocês não gostam e que nem sequer conhecem.

“Quem gosta de você gostará se você tiver um carro zero ou se andar de ônibus... Tanto faz... Não faz diferença...

“O verdadeiro amigo, Osmar, não gosta do que você tem. Ele gosta do que você é... e valoriza sua amizade.

“Quem seleciona pessoas devido ao dinheiro será tratado um dia como mercadoria barata, você não acha?”

– Como acho!

– Então, você precisa tomar cuidado, porque quem vive de aparências aprende com o tempo que fingir ter dinheiro custa muito caro e é inútil...

“Viva como se hoje fosse o último dia da sua vida.

"Aproveite cada encontro...

"Cada abraço...

"Cada sorriso...

"Faça valer a pena a sua existência.

"Escreva uma linda história, sem se preocupar com quem lê, porque os verdadeiros, os sinceros, os amigos, estes conhecem você... e jamais o julgarão, por respeitarem e amarem você verdadeiramente.

"Sempre estarão ao seu lado, independentemente do que você esteja vivendo ou do que tenha escolhido para ser..."

– Seus conselhos nos modificam, Nina.

– É essa a intenção. Se tudo o que lhe falo se tornar vazio, de que adianta minha vinda até seu plano? De que adiantam meu esforço e minha dedicação? Quem você acha que irei ajudar, se meus conselhos forem vazios e intencionais?

– Verdade. Pena que alguns não aproveitam...

– Esse não é nosso problema. Nosso dever e obrigação é fazer chegar a todos nossa mensagem. É orientar e amar indiscriminadamente. Precisamos que vocês se sintam bem ao nosso lado. Todos os conselhos que darei a seguir são úteis para quem estiver com depressão, ou com outras síndromes, e que deseje sair dela.

– No que depender de mim, Nina, vou me dedicar a estudar tudo o que vocês me ensinam. Eu preciso melhorar... Precisamos levar essa mensagem a mais e mais pessoas. Precisamos ser úteis a todos que sofrem...

– O que todos vocês precisam é se importar menos com o mundo e se preocupar mais com si mesmos. Vocês precisam viver o que existe de melhor na vida e deixar as coisas fluírem naturalmente. Parem de viver o que não é real; o que os adoece; o virtual, que não tem dono...

– É por isso que nos sentimos vazios, Nina?

– O vazio existencial é o sonho de viver o que não existe. Parem de sonhar com o impossível e o imaginário e vivam o que é real.

– Sem seus conselhos, dificilmente conseguiremos ser felizes.

– Quem tem ouvidos para ouvir, que ouça... Ele é amor em essência e quer que todos os Seus filhos sejam eternamente felizes. Acreditem no futuro espiritual; ele não é uma utopia... A vida nas cidades espirituais é uma realidade. Aliás, é a próxima realidade de todos os espíritos que estão encarnados.

– Obrigado, Nina.

– Vamos em frente? – sugeriu a mentora.

Naquele instante, resolvi conversar com Nina e Laís sobre a missão dos espíritos entre nós. Será mesmo que a missão dos espíritos é incorporar e ficar falando coisas sem sentido, como estamos cansados de ver por aí?

Não gosto muito de explorar a Nina com esse tipo de assunto, mas eu havia recebido uma mensagem de uma leitora de meus livros, me perguntando sobre previsões catastróficas feitas por alguns médiuns, ou videntes, sobre o futuro da humanidade. Ela me questionava: "Será essa a grande missão dos espíritos? Será essa a missão dos médiuns?"

Foi quando Nina, como sempre, me chamou a atenção para o que gostaria que eu escrevesse.

– Osmar?

– Oi, Nina.

– Percebo que você continua preocupado. Tem alguma pergunta que deseja me fazer?

– Não é nada, Nina.

– Vejo que você está questionando algo. Osmar, me diga, o que é?

– Eu nem sei se deveria perturbá-la com isso, mas, como já estou acostumado com vocês e sei que nada que me acontece é por acaso, principalmente quando estou escrevendo, quero lhe perguntar outra coisa.

– Pergunte.

– Perdoe-me se minhas dúvidas são rasas diante do conhecimento que você tem sobre quem somos...

– Não se preocupe com isso. Suas dúvidas podem ser as de milhares. Por isso, não desperdice esta oportunidade. Faça a sua pergunta...

– Então, vamos lá. Nina, qual é a verdadeira missão dos espíritos?

Após uma pequena pausa em silêncio, ela me disse:

– Quero convidá-lo para uma reflexão, pode ser?

– Vamos lá.

– Imagine acordar em um planeta onde todos os habitantes sabem quem são...

"Por relembrarem sua existência divina, nesse planeta não existe o mal.

"Imagine, Osmar, que o apego é inexistente, pois todos sabem que o Universo é sua morada.

"Sem perder sua individualidade, todos trabalham por um objetivo comum: ajudar, ajudar e ajudar...

"Nesse lugar paradisíaco, os espíritos e a natureza trabalham em conjunto.

"Todos possuem habilidades psíquicas suficientes para experimentarem naturalmente todas as coisas que nele existem.

"Todos são livres para se teletransportarem e volitarem pelo Universo para restaurar a harmonia onde for preciso...

"Você gostou do que eu lhe revelei até agora?"

– Sim.

– É a sua memória astral relembrando a sua origem...

– Minha memória astral?

– Sim.

– Eu nem sabia que tenho isso.

– Você não nasceu na Terra; está encarnado neste planeta temporariamente. Você pertence ao Universo.

– Meu Deus!

– Tudo é muito mais sutil e perfeito no lugar de onde viemos, Osmar... Você e todos que estão encarnados precisam despertar.

– Estou no caminho, Nina.

– O despertar exige muito de todos nós. É muito importante você rever e reavaliar tudo o que lhe disseram ser verdade até o momento e buscar a reconexão com sua essência, que nunca foi humana. Ela é e sempre será divina. Preste muita atenção nestas linhas... Você também, viu, Laís?

– Pode deixar, Nina.

– Não pense que é fácil todo esse processo, porque muitos se sentem perdidos quando decidem mudar...

"A mudança é uma decisão pessoal e deve ser tomada com coragem para deixar tudo o que você pensa no passado e começar a se reconectar com o futuro, porque o futuro nas cidades espirituais ou até mesmo em outro planeta não é uma utopia, como disse anteriormente. Tudo o que digo será sua próxima realidade.

"Afinal, como se reconectar à sua essência sem causar danos a tudo aquilo que você aprendeu ou interiorizou como verdade até hoje?

"Como limpar dentro de você a crosta negativa que acumulou durante tanto tempo?

"Como saber diferenciar o ego do que realmente você é?

"Até hoje, o que você aprendeu com os professores naturais da vida é que sua identidade se baseia no corpo físico e no nome que lhe deram ao nascer.

"Ensinaram-lhe que tudo o que você precisa está fora de você...

"Disseram-lhe que o conhecimento está nas escolas ou nas universidades...

"Ditaram-lhe um caminho que se resume em trabalhar, pagar contas e morrer...

"Deram-lhe funções na matéria, tais como professor, engenheiro e advogado, e disseram ser isso que você é e nada mais...

"Educaram-no a buscar a felicidade nos prazeres momentâneos, nas riquezas adquiridas ou nas distrações carnais...

"Induzem-no diariamente a distrações, ao consumo e aos vícios...

"Para os que não se satisfazem com esses prazeres, criaram as religiões, as doutrinas e as ideologias...

"E, pior, lhe disseram que a verdade está ali, para não haver questionamentos.

"Para os que questionam, criaram inúmeros adjetivos negativos e armadilhas que aprisionam a mente de tal forma que a escravizam por longos períodos...

"Tiraram de você todo poder interior, afirmando que és pequeno e ignorante em relação ao Universo.

"Diariamente, és induzido ao apego, aos medos e às culpas...

"Somente a desconstrução interior consegue libertá-lo dessas amarras.

"Lembre-se de que você é parte do Universo, e não escravo dele.

"Decida-se por mudar. Aceite-se em essência e, a partir dessa decisão, mude... Você não é a depressão; você está temporariamente com ela.

"Enxergue novos horizontes, novas possibilidades, e desfrute da vida sem amarras psicológicas, ideológicas ou doutrinárias.

"Não se refugie no medo do que irá enfrentar... Tenha coragem para dar um basta em tudo o que o deixa triste.

"Quem escraviza foi um dia escravizado. Pense nisso...

"Tudo aquilo que o prende é gaiola, que o impede de voar.

"É livre desde a criação... Portanto, liberte-se de todas as amarras que levam seus pensamentos e sua vida para lugares em que você não gosta de estar. Tudo depende somente de sua coragem e determinação.

"Quando um pensamento ruim vier à sua cabeça, substitua-o por outro alegre e positivo.

"Dance, cante e liberte-se, sem se importar com o que os outros vão achar de seu comportamento. Você não precisa nem deve seguir regras absurdas somente para agradar quem nunca lhe deu o seu verdadeiro valor.

"Você é mais do que imagem..."

– Precisamos de coragem para mudar, Nina.

– Não, não é coragem; é decisão e determinação. Somente despertando o que está adormecido em si é que irá ascender a tudo o que falei anteriormente.

"Os planos espirituais são perfeitos. Não tenha dúvida disso... Mas não tenha pressa de chegar neles.

"Aqui somos espíritos... Estamos libertos das mazelas que os aprisionam nesse envoltório transitório necessário para a evolução pessoal de cada um.

"Todos vocês estão destinados ao desenlace carnal. Não vivam pensando serem eternos enquanto encarnados... São eternos em espírito.

"E estar em espírito é estar integralmente em comunhão com a Criação Divina.

"Pare de pensar que Deus é algo que vigia seus passos ou que administra sua vida... Ele não é imaginável.

"Não perca seu tempo acreditando no Deus que lhe vendem em troca de dízimos ou no diabo que dizem interiorizar para lhe venderem uma suposta salvação...

"O que parte do homem é do homem. Porém, o que vem de Deus é divino.

"Deus é inimaginável para a maioria daqueles que refletem Deus como humano. Ele não é humano. Não tem sentimentos sequer parecidos com os sentimentos humanos...

"Não pense que o amor que você conhece é verdadeiro. O amor incondicional é muito diferente no meio em que você vive.

"Onde há o verdadeiro amor, não há apegados...

"Não há barreiras ou limitações...

"Não há prisão ou indução...

"Há apenas o soltar, o deixar ir...

"Há o respeito ao livre-arbítrio individual...

"É onde habita o desapego...

"É onde vive a liberdade...

"Há amor incondicional no meio em que você vive?

"Há amor incondicional em suas crenças?

"A falsa luz distorce o conceito de amor.

"Vocês não conhecem sequer o que dizem ser amor; como querem conhecer o amor do Pai pelos Seus filhos?

"Acha mesmo que o que você diz ser amor se compara ao amor de Deus?

"Questione-se: o amor, como você conhece e pratica, o engrandece ou o apequena?

"Ele o solta ou o limita?

"Ele o estimula ao apego ou ao desapego?

"Ele o liberta ou o aprisiona?

"O esquecimento do que você é verdadeiramente durante sua encarnação é um exemplo de amor incondicional, sabia?

"Imagine se você lembrasse que sempre foi um terrível assassino de crianças e mulheres indefesas... O que você faria?

"Os diferentes estímulos à ilusão da matéria também são exemplos desse amor.

"O verdadeiro amor não traz medo; traz coragem...

"O verdadeiro amor traz a verdade. Ele é o verbo, a vida e a eternidade. Como disse, o verdadeiro amor liberta.

"Enquanto não se dedicar a se conhecer em essência, não estará capaz de conhecer o amor que Deus tem por você."

– Uau, Nina! Que isso... Quanto ensinamento!

– É merecedor...

– Obrigado.

– Osmar, quando você se entender como uma consciência divina, irá perceber que é o único responsável pela sua evolução pessoal, necessária a todos os espíritos que desejem ascender aos planos superiores.

"E, quando essa decisão for tomada, saiba haver irmãos espirituais dedicados a auxiliá-lo nos passos evolutivos em direção à consciência plena."

– É ótimo saber disso, Nina.

– O Universo está em todos, e todos estão no Universo. Aqueles que já estão esclarecidos trabalham no esclarecimento dos que vêm atrás. Essa é a lei da evolução dos espíritos.

"Não estamos no Universo ao acaso.

"Estamos no Universo para ajudar todos que desejem ascender aos planos mais sublimes da Criação. Para isso, é necessário que todos despertem o que está adormecido.

"Somos parte do todo que habita em nós."

– Sem palavras...

– Depois de tudo isso que lhe revelei, qual você acha ser a missão dos espíritos?

– Sem sombras de dúvidas, é evoluir, ou seja, tornar-se perfeito.

– Não deem ouvidos àqueles que, achando estarem em contato conosco, são infelizes. São irmãos equivocados, mas em processo de aprendizagem.

– Oremos, não é, Nina?

– Sim, oremos por todos. É muito importante que vocês estudem. Estudem o máximo que puderem para, primeiro, se conhecerem; depois, compreenderem a Criação; por último, aperfeiçoarem seus intelectos.

"Um espírito que não estuda fica na dependência das provas evolutivas, que podem demorar séculos para alcançá-lo. Acelere seu processo. Todos vocês têm em mãos o material necessário para se completarem. Estamos aqui para ajudá-los. Conte conosco.

"Desnude-se da depressão. Tire a capa que o cobre de tristeza e encha o peito de alegria, porque viver é oportunidade que não deve ser desperdiçada.

"Olhe o sorriso de uma criança. Repare na inocência dos anjos ao seu redor.

"Você sabia que, se viajar na velocidade da luz, a qual é de 300 mil quilômetros por segundo, ainda levaria 100 mil anos para ir de uma extremidade a outra da galáxia em que você vive?

"No meio dessa vastidão, sua galáxia é lar de estimados 100 a 400 bilhões de estrelas e inúmeros planetas, incluindo o planeta Terra. Apesar de seu tamanho impressionante, a Via Láctea é apenas um pontinho no cosmos, já que existem cerca de dois trilhões de galáxias no Universo observável por vocês atualmente."

– Nossa!

– O que houve?

– Tudo isso é incrível!

– O que disse é apenas uma parte do que você pode aprender caso se esforce. Pare de viver simplesmente por viver. Você é parte deste Universo; o que tem feito por ele?

"Vocês precisam entender definitivamente que Deus não castiga.

"Pare de se vitimar achando que o mundo parará até que seus problemas ou suas dores sejam resolvidos. Desapegue-se de pessoas e coisas que não o deixam feliz.

"Nenhum espírito encarna destinado à tristeza. Todos vocês estão onde estão para serem felizes.

"A noção de castigo foi introduzida pelas religiões para manter o sentimento constante de culpa nas pessoas, para controlá-las.

"Essa ideia perpetua o ciclo da autopunição e do medo. Pense nisso...

"Saiba que Deus é uma energia neutra, que não julga e jamais julgará o certo ou o errado.

"Deus não é masculino nem feminino. Não tem cor. Não é dia nem noite. Não é superior nem, muito menos, inferior. Não está por dentro nem por fora. Não é alto nem baixo. Não é escuro nem, muito menos, claro. Deus não tem apego algum.

"Deus é tudo e está em todos.

"Deus é o único poder da Criação. Ele simplesmente reflete as crenças do seu subconsciente e permite que sejam criadas na sua própria realidade.

"Deus não castiga. Creia e seja feliz, buscando sempre se aperfeiçoar, buscando extrair benefícios evolutivos nas situações evolutivas que o envolvem diariamente, todas as horas e todos os segundos de sua existência.

"Busque o Senhor enquanto ainda há tempo.

"No vale das sombras perdem-se as almas sofridas. Há, entre todos e toda a Criação, uma regra que rege a harmonia.

"Conscientize-se de que a estrada é longa para alguns e lamacenta para outros. Porém, as portas da evolução pessoal estão abertas.

"Há borboletas para enfeitar os jardins nos corações de quem ama acima de tudo.

"Transformar-se é necessário.

"É rápido para alguns e vagaroso para outros.

"O tempo tem a resposta para todas as suas perguntas e para todos os seus questionamentos. Tenha calma, porque quem vive no passado tende a ter depressão, quem se sufoca com o presente adoece pelo estresse e quem se preocupa demasiadamente com o futuro tem crises de ansiedade. Saiba que 75% das coisas que sua mente projeta não irão acontecer.

"Então, confie na Criação e siga evoluindo, tornando-se melhor todos os dias. Vale a pena o sacrifício de melhorar-se todos os dias, todas as horas, em todas as oportunidades...

"Pare de criar ideias e alimentar pensamentos destrutivos. Eles podem atrasar demasiadamente a sua evolução.

"Por que vive na ansiedade?

"Você controlará sua ansiedade quando entender que aquilo que está fora do seu controle também deve estar fora dos seus pensamentos e da sua vida.

"Faça o que estiver ao seu alcance.

"Em todos os dias ruins, lembre-se de quatro coisas..."

– Quais, Nina?

– Primeiro, conscientize-se de que o hoje não é o final da sua história. Não é o seu fim... O dia do seu fim não lhe pertence.

"Segundo, aprenda a pedir ajuda se for necessário. Não tenha vergonha de dizer que precisa de ajuda.

"Terceiro, não foque naquilo que você não pode resolver. Se não tem jeito, não adianta sofrer...

"E, por último, sua encarnação não é um acaso. Deus tem planos para você. Confie em quem o criou. Mesmo que você não entenda os planos de Deus atualmente, eles virão e irão acontecer no tempo de Deus, que, muitas vezes, é muito diferente do tempo em que esperamos acontecer.

"Entregue sua vida nas mãos do Pai, que tudo sabe, tudo vê e ama você profundamente. Mas não seja fanático. Amar a Deus nunca deve ser uma prisão, e sim a mais perfeita liberdade.

"Toda prova é lição evolutiva.

"Não guarde na memória o que o faz sofrer. É inútil viver no futuro, que não existe, e no passado, que não pode ser mudado.

"Aproveite o hoje, porque hoje é um presente divino. E, como a própria palavra diz, é um **presente** que Deus lhe deu para você evoluir.

"Nunca culpe ninguém pela sua vida. As pessoas boas lhe proporcionam felicidade. As pessoas ruins lhe proporcionam experiência. As piores pessoas lhe ensinam uma lição e as melhores pessoas lhe dão memórias.

"Muitas vezes, Osmar, somos decepcionados pelas pessoas em que mais confiamos e amados por aqueles que menos esperamos. Alguns nos fazem chorar por coisas que não fizemos, enquanto outros ignoram nossas falhas e apenas veem nossos sorrisos... Alguns nos deixam quando mais precisamos deles, enquanto outros permanecem ao nosso lado mesmo quando pedimos para irem embora...

"Entenda definitivamente que o mundo em que está encarnado é uma mistura de pessoas. Você só precisa saber diferenciar com quem apertar as mãos ou com quem segurar as mãos...

"Afinal, isso é a vida em que você expia neste momento. Esta é somente uma vida entre as infinitas que você pode ter.

"Aprenda a segurar e também a deixar ir embora.

"Somente aqueles que realmente se importam com você podem ouvi-lo quando você está em silêncio. Isso é algo que o atinge profundamente... Mas, apesar disso, viva e agradeça sempre pela oportunidade evolutiva que você está tendo neste momento.

"Ame-se...

"Quando doer, exclua.

"Quando incomodar, evite.

"Quando chatear, ignore.

"Quando fizer mal a você, saia.

"Você não conseguirá mudar as pessoas, mas pode e deve gerenciar a sua vida. Pare de ser vítima de suas escolhas e de permitir que o maltratem.

“Não deixe nunca que as pessoas administrem sua vida. Ela é sua; você é o único responsável por ela.

“Você é um jardineiro e, em tudo o que faz, deixa uma semente do fruto que um dia irá colher.

“Você pode até ser vitimado uma vez, mas permitir que a segunda vez aconteça é falta de amor-próprio. E alimentar o amor-próprio é glorificar a Deus. Lembre-se de que Ele lhe deu a vida e somente Ele pode tirá-la.”

– Muitas vezes, sofremos por apostar em pessoas erradas, Nina – disse Laís.

– Não é uma questão de aposta errada. É simplesmente a frustração das expectativas que você criou nas pessoas erradas, Laís.

– Verdade.

– Entenda que a encarnação é uma viagem em que cada um está na estação certa, porém diferente.

– Tem razão. Precisamos pensar mais sobre a vida…

– Às vezes, você deve pensar como se estivesse lendo um livro.

– Um livro?

– Sim. Na vida, você não conseguirá ir para o próximo capítulo enquanto não se livrar do capítulo anterior. Todos vocês deveriam ter aprendido isso quando aprenderam a ler as primeiras linhas do livro da vida…

“Desapegue-se dos capítulos anteriores e se entregue à nova aventura, ao novo capítulo da sua vida.

“O medo dos próximos capítulos da sua vida é o que o paralisa. Só que quem escreve diariamente junto conosco conhece muito bem os próximos capítulos...

“Então, confie em Deus, se entregue a essa leitura e vire a página, porque pode ser que você goste mais dos próximos capítulos. Deixe definitivamente a depressão onde ela deve ficar.”

– Profundo isso, Nina – disse.

– O que estamos conversando é parte do intelecto que adquiri com as encarnações que tive. À medida que estudamos, vamos evoluindo e nos tornando diferentes, melhores, mais sábios. Estude...

– Agradeço por aprender com você.

– E eu sou grata pela oportunidade de poder compartilhar com todos vocês um pouco do que me tornei, investindo meu tempo e minha encarnação no aperfeiçoamento do meu interior. Nada se perde quando fazemos por amor.

– Levamos todo esse conhecimento e sabedoria para as próximas vidas, quero dizer, para as próximas encarnações, Nina? – perguntou Laís.

– A vida é uma escola onde você aprende a se lembrar do que a sua alma já sabe.

– Que lindo!

– Você pode nos dar um conselho, Nina? Digo, se você pudesse nos dar um conselho, o que nos diria?

– Cometa erros, mas não se arrependa deles... Aprenda com eles.

"O arrependimento é o sentimento mais difícil de se carregar quando se envelhece.

"Sempre terá alguém a quem você dedicou toda a sua vida, mas que não consegue ver o seu valor. Não deixe, em hipótese nenhuma, que esse alguém seja você...

"Os erros nos educam e nos fazem crescer. Por isso, não tenha medo de errar.

"Aprenda a lidar com o erro.

"O erro é construção. Se alguma coisa atravessa o seu caminho e destrói o que você vem construindo por dentro, isso é um erro ou faz parte da construção, Osmar?"

– Não sei dizer, Nina.

– Se você olhar para todos os erros que já cometeu na vida, perceberá que, sempre que aconteceu um erro, houve uma renovação na sua história, um recomeço... Com o passar do tempo, perceberá que, na verdade, o erro foi uma vírgula necessária para que você tivesse coragem de construir um novo caminho.

"O erro é construção. Sem ele, talvez você nunca teria saído do lugar em que estava.

"Você pode até tentar errar o mínimo possível, mas o erro é parte da evolução dos espíritos encarnados.

"A vida é feita de pontos e vírgulas. Respeite isso e você será feliz.

"Erre outras vezes...

"Erre melhor...

"Mas nunca deixe de errar por medo.

"Conscientize-se de que Deus é o único que pode fazer o impossível se tornar inevitável."

– Obrigado, Nina.

– Osmar, eu posso lhe dar muitos conselhos que o ajudarão a viver melhor e também ajudarão todos que sofrem de depressão.

– Nossa! Podemos começar?

– Uma das maiores lições que tive quando encarnada pode até parecer grosseira, mas nos educa e nos faz evitar sofrer.

– Sou seu lápis, Nina.

– Então, anote.

– Vamos lá.

– Você não precisa selecionar seus amigos, porque os verdadeiros amigos ficam. Os colegas e os conhecidos vão embora.

"Nunca banalize a dor de ninguém, porque a dor não tem régua. Ela não pode ser medida.

"Não queira ser o herói da sua família, porque, quanto maior a proximidade, maior é a crítica.

"As pessoas nem imaginam quantas vezes alguém pode morrer por dentro mostrando seu sorriso mais bonito por fora.

"Nem tudo realmente é o que aparenta ser...

"Saiba que a felicidade é frágil e volátil, pois só é possível senti-la em certos momentos. Na verdade, se pudéssemos vivenciá-la ininterruptamente, ela perderia o valor, uma vez que só percebemos que somos felizes por comparação."

– Há muitas verdades em seus ensinamentos, Nina – disse Laís.

– E tem mais... Prestem atenção.

– Estou prestando – disse a jovem.

– Entenda que ninguém que está nesta vida com você lhe deve alguma coisa.

"Não lhe devem atenção, carinho, respeito... Não lhe devem nada.

"Entenda que você não pode controlar como as pessoas o tratam, Osmar, mas pode controlar o quanto isso o afeta. Ah, isso você pode controlar...

"Você pode controlar, por exemplo, a sua presença.

"Cabe a você decidir onde merece estar e com quem estar.

"Escute seu desconforto.

"Ele pode ser um sinal de que você já mudou e não pertence ou cabe em determinados lugares ou relações.

"Você até pode dar o melhor de si todos os dias, mas nem todos os dias vencerá...

"A derrota é evolutiva.

"Na vida, não há nada mais cansativo do que você ser aquilo que não é...

"Seja autêntica o tempo todo, porque os que a amam, Laís, a amam do seu jeito, e não do jeito que você quer ser para agradar.

"Normalmente, a vida fantasiada é desmascarada quando acaba a festa.

"A vida é um palco. Seja o ator, e não o personagem de uma história.

"Nunca desista de si.

"Não desista dos seus sonhos.

"Não é fácil para ninguém...

"Entenda que, na encarnação, existe uma regra que quase não é lembrada por vocês."

– Uma regra? – perguntei.

– Sim. Escreva...

– Vamos lá.

– Tudo o que você tem quando encarnado só pode ser consumido na encarnação.

"Imagine que você chega em um lugar onde tudo o que está disponível só pode ser consumido naquele dia, naquela hora, naquele momento...

"A única regra desse lugar é que você não pode levar nada. Tudo pode ser consumido ali, naquela hora, e mais nada..."

– Entendi. Aqui, Nina, chamamos isso de *all inclusive*.

– Imagine que nesse lugar há várias pessoas, mas que nem todas aproveitam tudo o que ali está. Algumas ficam trancadas em suas casas e em seus quartos e não aproveitam as experiências que as tornarão melhores.

"Assim também é a encarnação, Osmar.

"Quando você chega a este plano, Deus coloca tudo à sua disposição. Tudo mesmo...

"Cidades, países, florestas, oceanos, animais, amores, filhos, amigos, família, vida...

"Nesta vida está tudo incluído. Você pode fazer o que quiser. Aproveitar o sol, as pessoas, enfim, tudo o que possa imaginar.

"O único detalhe desta vida é que você não pode levar nada.

"Você só leva aquilo que você aproveitou; aquilo que você viveu, experimentou, se alegrou e construiu nos corações ligados a você; aquilo que você fez de positivo na vida das pessoas que você amou, tendo sido amado por elas também.

"Não feche sua vida em problemas... Eles passarão.

"Não perca sua vida em amarguras... Elas passarão.

"Perdoe e aproveite a vida como ela se apresenta para você.

"Na sua melhor versão, você sempre será insuficiente para a pessoa errada. Mas, na sua pior versão, será o suficiente para a pessoa certa. Valorize-se.

"Conscientize-se de que cada pessoa o enxerga com os olhos que tem. E a visão dos outros não é problema seu, porque cada espírito em evolução está em um estágio diferente e você não conseguirá mudar isso.

"Então, foque nos seus planos, sonhos e objetivos. Foque em você e continue em frente, porque só ficará até o fim na sua vida aquele que, depois da sua utilidade, descobrir seu significado na vida dele.

"Aprenda que tudo que o irrita está ensinando-o a ser paciente.

"Todos que o abandonam estão ensinando-o a andar sozinho.

"Tudo que o enfurece está ensinando-o a ter compaixão.

"Tudo que tem poder sobre você está ensinando-o a pegar o poder de volta para você.

"Tudo que você odeia está lhe ensinando o amor incondicional.

"Tudo que você tem medo está ensinando-o a ser corajoso.

"Tudo que você não tem controle está ensinando-o a deixar ir.

"A ingratidão é o verdadeiro caráter do falso amigo.

"E, por fim, tudo que acontece na sua vida está lhe ensinando algo.

"O outro é e será sempre seu professor..."

– Lindo isso, Nina!

– Todos vocês precisam ser conscientizados sobre o mal.

– O que tem o mal, Nina?

– Se todos que lhe fazem mal soubessem o mal que estão fazendo a eles mesmos, pensariam duas vezes antes de quererem o seu mal.

"A lei do retorno é implacável, Osmar.

"E saiba que ela não aceita arrependimentos...

"Aquilo que você planta, você será obrigado a colher.

"Não há como enganar alguém sem ser enganado.

"Não há como fazer alguém chorar sem ter que enxugar as próprias lágrimas depois.

"Não há como negar amor sem ter que implorar pelo amor de alguém algum dia.

"A vida é como um jardim, e toda atitude que você tem com os outros é, na verdade, uma semente que está plantando, cujo fruto você será obrigado a colher.

"Por isso, antes de agir, lembre-se de que a balança do Universo é justa. O tempo sempre faz questão de efetuar o pagamento e não costuma deixar dívidas para depois...

"Conscientize-se de que tudo o que é bom dói.

"Tudo o que dá resultado passa por dificuldades.

"Nascer dói... Dói para a mãe e também para o bebê, mas é ótimo nascer.

"Atritos são absolutamente necessários para o crescimento espiritual.

"Você pode fazer tudo o que quiser sem o peso de querer agradar os outros o tempo inteiro.

"Você será realmente feliz quando deixar definitivamente de ouvir o que os outros pensam de você.

"O mais importante é o que você pensa, o que você sente, como lida com as frustrações e como encara a vida.

"Falta de consideração não se resolve com cobrança... Resolve-se com distância.

"Não gaste mensagem com quem não lhe responde.

"Não gaste palavras com quem não o escuta.

"Não gaste a sua vida com quem não o merece e não o faz feliz.

"Aprenda a dar a sua ausência para quem não valoriza a sua presença.

"Não tenha medo de perder as pessoas; tenha medo de perder quem você é ao tentar agradar todo mundo.

"Exclua o que lhe faz mal na vida, em silêncio.

"Tenha consciência de que algumas pessoas passam por sua vida para amá-lo e outras para ensiná-lo a não ser como elas.

"Valorize quem o faz gargalhar, porque, se o faz feliz, é bom para você.

"Cavar um poço com você ninguém quer, mas beber da sua água cristalina todos querem...

"Evite trazer para a sua vida problemas que não são seus.

"O que o outro escolheu viver é prova evolutiva para ele, e não para você.

"Se puder, auxilie. Se não puder, ore."

– Todos precisam dessas reflexões, Nina.

– Publique. Se todos que sofrem com depressão se atentarem a essas palavras, tenho certeza de que melhorarão seu estado doentio. A depressão é um estado de tristeza profunda, um somatório de frustrações acumuladas no inconsciente que constrói um monstro quase impossível de se vencer. Mas, com determinação e cuidados, é possível afastar-se da dor que faz sofrer quem carrega dentro de si esse abominável e destrutivo sentimento.

– Vou publicar e falar a todos sobre este capítulo tão enriquecedor, Nina.

– Tudo isso e mais um pouco, aprendi através das experiências terrenas. São elas que nos modificam, que nos aperfeiçoam, e essa é minha intenção quando decidi passar esse conhecimento para vocês. Aprendam que sou um espírito como vocês e que só depende de mim evoluir. Aprendam que todas as construções sentimentais e intelectuais são próprias e depende somente de nós aperfeiçoá-las. Você já se perguntou por que é que você gosta de cuidar das pessoas, Osmar?

– Não, Nina.

– Porque cuidar das pessoas cura a parte de você que precisa ser cuidada por alguém...

– Meu Deus...

– Que seja você um bom exemplo para todos.

– Sem palavras, Nina.

– Não agradeça. Escreva...

– Estou escrevendo.

– Mais um conselho para você e para a nossa querida Laís, aqui presente.

– Mande.

– Viva a sua vida como se estivesse pronto para se despedir dela a qualquer momento, como se o tempo que lhe resta fosse uma agradável surpresa...

“A felicidade da sua vida depende da qualidade de seus pensamentos e de suas escolhas.

“Muito pouco é necessário para termos uma vida feliz.

“Está tudo dentro de você, na sua maneira de pensar e aceitar tudo que lhe acontece... De nada adianta fugir do que está em seu destino. Tem que ter a sabedoria de encará-lo e afastar-se daquilo que não o faz feliz.

“Você é o único que tem total poder sobre a sua mente. Mas não sobre os eventos externos... Eles vão acontecer e, por vezes, vão feri-lo. Perceba isso e você encontrará forças para superar todos os desafios.

“Todos nós nos amamos mais do que as outras pessoas, mas nos preocupamos mais com as opiniões delas do que com as nossas...

“Nossa raiva e nossos aborrecimentos são mais prejudiciais para nós do que as próprias coisas que realmente nos irritam e nos incomodam.

"É tolice tentar escapar das falhas dos outros. Elas são inevitáveis.

"Apenas tente escapar das suas próprias dores. E seja feliz..."

– Obrigado, Nina.

– Volto depois para darmos continuidade.

– Estarei esperando por você.

– Até logo.

– Até.

– Tchau, Laís.

– Até...

Assim, me despedi da mentora e de Laís, ansioso pelo novo encontro, onde poderemos aprender mais e extrair sabedoria para a nossa evolução pessoal.

Deixo aqui alguns conselhos para você, amigo leitor.

Aproveite sua vida como se cada dia fosse um presente inesperado, pronto para ser aberto a qualquer momento; como se cada instante fosse uma nova chance de felicidade...

A qualidade de nossos pensamentos e escolhas determina a felicidade que teremos. Pouco é necessário para vivermos com alegria. Basta olharmos para dentro de nós mesmos e aceitarmos o que a vida nos reserva.

Tudo o que precisamos está em nós, em nossa maneira de encarar os desafios e aceitar as circunstâncias que surgem em nosso caminho.

Não adianta fugir do que está destinado a acontecer. O poder para controlar nossas mentes está em nossas mãos, não nos eventos externos.

Os obstáculos virão, trazendo sofrimento, mas, ao percebermos isso, ganhamos forças para superá-los e seguir em frente... Com frequência, nos preocupamos mais com a opinião dos outros do que com a nossa própria felicidade.

Devemos nos amar mais e nos importar menos com o que pensam de nós. Nossa raiva e nossos ressentimentos nos machucam mais do que as coisas que nos irritam.

É bobagem tentar escapar das falhas alheias, por serem inevitáveis. Concentre-se em superar suas próprias dores e seja feliz.

Então, nos vemos no próximo capítulo.

“

A evolução é pessoal e intransferível.

”

Nina Brestonini

Outro dia

– Oi, Nina!

– Oi, Osmar!

– Oi, Laís!

– Oi, Osmar!

– Ainda bem que vocês chegaram.

– O que houve? – perguntou Laís.

– Estava aqui pensando sobre tudo o que vocês me disseram até agora e estou muito surpreso com tantos ensinamentos. Nina, acho que você está aproveitando esta psicografia para auxiliar a Laís em sua recuperação. Estou certo?

– Sim. O intuito deste livro é levar uma mensagem transformadora a todos que sofrem de depressão e outras síndromes. Afinal, os conselhos aqui escritos, se seguidos, certamente curarão quem está doente.

– Então, estava certo.

– Sim. E tenho algo que quero lhe dizer.

– Diga, Nina.

– Fico feliz em poder transmitir a você e a todos que vão ler este livro um pouco do que aprendi evoluindo em minhas encarnações e também aqui na vida espiritual. Isso parece repetitivo, mas é para que todos se conscientizem de que o conhecimento é patrimônio do espírito. Não passe pela vida sem aprender e se melhorar. Toda construção interna exterioriza sabedoria e amor.

– Você pode nos dar mais conselhos, claro, se não for abusar?

– Sim, claro que sim. Como disse, o intuito desta obra é ajudar quem sofre de síndromes.

– Podemos começar?

– Vamos lá. Anote aí...

"Você que está sofrendo de depressão enfrentará os mesmos problemas até que se comprometa a mudar suas escolhas. Tudo começa e termina na mente. Sua mente e seus pensamentos são o que regem sua vida. Sendo assim, o segredo está no que você está absorvendo, interiorizando.

"Um navio não afunda devido a toda a água em sua volta; o navio só afunda quando permite que a água tome todo o seu interior.

"Assim somos nós. Se deixarmos o desânimo, a descrença, a tristeza e tudo o que nos faz muito mal entrar, fica muito difícil não naufragar nas amarguras, que são capazes de nos destruir totalmente.

"Você não deve nem precisa ser inferior a ninguém. Coloque-se como prioridade. Se você não estiver bem, nada à sua volta servirá para quem quer que seja.

"Não se entregue a qualquer um sem antes avaliar as consequências.

"Seja inteligente e sábio. E ser sábio não é esperar que o outro dê a você o que você mesmo deve se dar. Ser sábio é não aceitar se calar quando algo o incomoda. É viver do seu jeito, mesmo que ninguém o entenda.

"Não se preocupe se as pessoas vão se sentir feridas. Afinal, se existe alguém que não merece sofrer, esse alguém é você.

"Não se preocupe muito com o que as pessoas vão achar da sua mudança de comportamento. Aliás, o que os outros acham de você deve sempre ser problema deles...

"Você deve entender que o julgamento dos outros não tem importância, porque ser feliz é uma conquista sua e só depende de você.

"Você não precisa entender as escolhas alheias; você só precisa aprender a respeitá-las e cuidar muito bem das suas.

"O que infelizmente vemos é que falta à maioria de vocês acreditar no óbvio."

– O que é o óbvio, Nina?

– Preste muita atenção no que vou dizer...

"'Aquele que habita no esconderijo do Altíssimo, à sombra do Onipotente descansará.

"Direi do Senhor: Ele é o meu Deus, o meu refúgio, a

minha fortaleza, e n'Ele confiarei.

"Porque Ele te livrará do laço do passarinheiro, e da peste perniciosa.

"Ele te cobrirá com as suas penas, e debaixo das suas asas te confiarás; a sua verdade será o teu escudo e broquel.

"Não terás medo do terror de noite nem da seta que voa de dia.

"Nem da peste que anda na escuridão, nem da mortandade que assola ao meio-dia.

"Mil cairão ao teu lado, e dez mil à tua direita, mas não chegará a ti.

"Somente com os teus olhos contemplarás, e verás a recompensa dos ímpios.

"Porque tu, ó Senhor, és o meu refúgio. No Altíssimo fizeste a tua habitação.

"Nenhum mal te sucederá, nem praga alguma chegará à tua tenda.

"Porque aos Seus anjos dará ordem a teu respeito, para te guardarem em todos os teus caminhos.

"Eles te sustentarão nas suas mãos, para que não tropeces com o teu pé em pedra.

"Pisarás o leão e a cobra; calcarás aos pés o filho do leão e a serpente.

"Porquanto tão encarecidamente me amou, também eu o livrarei; pô-lo-ei em retiro alto, porque conheceu o meu nome.

"Ele me invocará, e eu lhe responderei; estarei com ele na angústia; dela o retirarei, e o glorificarei.

"Fartá-lo-ei com longura de dias, e lhe mostrarei a minha salvação.'"

– Que lindo, Nina!

– É o Salmo 91. Você crê nessas palavras?

– Como não crer?!

– Muitas vezes, a distância criada entre você e o seu eu divino traz sofrimento e lamentação. Precisamos entender que todos fazem parte da Criação e que o Criador habita em todos.

"Aprenda que tudo que o irrita está ensinando-o a ser mais paciente.

"Todos que o abandonam estão ensinando-o a caminhar sozinho.

"Tudo que o enfurece está ensinando-o a perdoar e ter compaixão com todos à sua volta.

"Tudo que tem poder sobre você está direcionando-o a pegar seus poderes de volta.

"Tudo que você odeia está lhe ensinando o amor incondicional.

"Tudo que você teme está lhe ensinando a coragem para enfrentar todos os seus medos.

"Tudo que você não consegue controlar está ensinando-

-o a deixar ir.

“Tudo que lhe acontece e todos os que estão com você nesta curta encarnação estão lhe ensinando alguma coisa. Por isso, aproveite todas as situações que se apresentarem para extrair delas o que o tornará melhor.

“O Universo sempre buscará meios de colocar tudo de volta ao seu centro. Tudo no lugar certo. Porém, se você não der importância aos sinais ou achar que é pequeno perto de algo que ainda parece grande, o que poderia ser leve passa a ser um peso.

“O que não o machuca pode feri-lo. Quando isso acontece, logo você tentará culpar Deus.

“Pode ser que, nesse momento, você não tenha a clareza que precisa para entender onde está errando consigo mesmo, onde a sua vida escapou pelos seus dedos como num piscar de olhos, mas é exatamente nesse ponto que a cura começa.

“Você precisa acreditar que não existem acasos e que tudo o que lhe acontece tem um motivo, uma razão. Estamos no Universo e o Universo está em nós. Fazemos parte do todo. Creia nisso e você vai se reconectar às energias benéficas que circundam tudo e todos.

“Viver, Osmar, é compreender que deixar para trás pessoas, lugares, maus hábitos e vivências faz com que estejamos aptos a vivenciar novas experiências, desfrutar de novos horizontes e ficar abertos a novos caminhos.

"A pessoa que você foi ontem é totalmente diferente da pessoa que você é hoje, a qual é completamente diferente da pessoa que você será amanhã, porque os espíritos não param de evoluir. Cada um evolui em seu tempo. Precisamos aceitar e respeitar o tempo do outro, mas todos estão na grande marcha evolutiva ordenada silenciosamente. Por vezes, é imperceptível e de compreensão inaceitável, mas é tudo orquestrado pelo Criador de todas as coisas.

"O ontem, o hoje e o amanhã nunca serão iguais, porque, enquanto houver fôlego, haverá mudança.

"Com o passar da idade, amadurecemos e priorizamos somente o que nos faz bem. Amizades, lugares e estilos de vida ficam para trás, porque já não nos servem para nada.

"Viver é isto: cair, levantar, mudar, recomeçar...

"Desistir também faz parte da evolução dos espíritos... Mas nunca desista de si mesmo, pois somente você pode mudar tudo à sua volta. Somente você pode fazer com que tudo e todos o respeitem e aprendam a amá-lo do jeito que você é, e não do jeito que você se reinventa para agradar a todos.

"Nunca vista a máscara da mentira ou da falsidade simplesmente porque você precisa conviver em sociedade.

"A sociedade que aprenda a amá-lo do seu jeito. Isso vai lhe fazer bem...

"Saiba que tudo passa e se modifica. Nada é estático na Criação. Aprenda a aceitar as mudanças, por serem extremamente importantes no processo evolutivo de todos.

"Mude, aceite, transforme-se e seja feliz."

– Caramba, Nina, que bom!

– Estou aprendendo muito com a Nina, Osmar – disse Laís.

– Estou impressionado com essas linhas. Acho serem muito úteis a todos que sofrem neste momento.

– Podemos prosseguir? – disse a mentora.

– Claro, Nina. Perdoe-me.

– Vamos em frente.

– Sim, vamos – disse Laís.

– Preste muita atenção a isto: liberte-se da culpa e da vergonha que o prendem. Toda hora é hora de seguir em frente, em direção à sua felicidade. Todo segundo e todo minuto são importantes em sua caminhada evolutiva. Esteja sempre pronto para deixar seu passado para trás. Tudo o que lhe faz mal deve sempre estar no passado.

"Quantas vezes você pensou que não iria conseguir ou que tudo em sua vida travou? Quantas vezes você ficou no chão sem motivos, sem argumentos, sem razão? Só Deus sabe quantas batalhas você já enfrentou e ainda se encontra de pé. Só Deus sabe quantas noites de sono foram perdidas devido aos problemas da vida. Mas saiba de uma coisa: dar um basta nesse sofrimento só depende de você e de mais ninguém.

"É você quem tem que decidir mudar...

"Quantas vezes ficamos presos a velhos hábitos, velhos ensinamentos e velhas ideologias e, sem perceber, nos entregamos aos dissabores da vida, tornando-a sem sentido?

"Aprenda que Deus não suporta ver nenhum filho d'Ele sofrer e chorar.

"Os dias de felicidade e paz estão sempre por perto. Basta que você creia que é o objetivo do Criador e que Ele, que tudo sabe e tudo vê, não perde nenhum filho Seu de vista.

"Nos momentos de dor, Deus enxugará dos seus olhos toda lágrima, porque o Pai consola os que sofrem por amor.

"Confie que o Pai lhe dará a grande vitória para a sua felicidade e que você não está sozinho em nenhum momento. Afinal, está ligado a outros espíritos pelo tempo em que existe.

"'Vós sois o sal da terra.' Lembre-se sempre disso."

– Realmente, Nina, precisamos nos colocar no lugar correto. Não somos um acaso. Sempre soube disso. Muitas vezes, o que nos faz sofrer é nossa ignorância em relação ao amor que nosso Pai tem por toda a Sua Criação.

– Osmar, antecipar o sofrimento é viver duas vezes a dor de algo que talvez nunca aconteça.

"Cada um oferece o que tem. Se alguém lhe oferecer pouco, isso diz respeito a ele. Aprenda que, se você aceitar pouco, isso diz respeito a você...

"Pare de aceitar migalhas. Você é filho do Altíssimo. Conecte-se ao Criador.

"Conectar-se ao Pai não é por nenhuma palavra, por nenhuma religião, por nenhuma igreja. Conectar-se ao Pai é vivenciar tudo o que já existe dentro de você.

"Você é um templo sagrado.

"Você é uma partícula de Deus.

"Conecte-se às coisas boas do mundo.

"Conecte-se às pessoas do bem, aos animais, à natureza, aos oceanos, às florestas e à vida que pulsa abundantemente todos os dias ao amanhecer...

"Conecte-se à vida!

"Deus faz questão que você saiba do Seu plano para que tome as decisões adequadas ao sucesso de forma geral.

"As dificuldades nos aproximam de Deus, porque, quando está em fartura, não tem tempo para orar...

"É na dor que nos conectamos e estreitamos os laços, que nunca se rompem, mas que ficam esquecidos por nossa incapacidade de compreender o que somos em essência.

"Conscientize-se de que Deus não é 'nada'.

"Deus não é uma coisa que está ao meu dispor.

"Deus é tudo e está no todo.

"Deus está no ar que respiro e que me dá a vida.

"Deus está na saúde que preciso para experimentar e

viver.

"Deus é o alimento que preciso. Ele nutre todas as minhas necessidades.

"Deus é fonte única e perfeita do amor. Portanto, quem está longe de quem?

"Deus está longe de você ou é você que só procura Deus quando precisa?

"Quantas horas do seu dia você tira para agradecer a Deus por tudo o que tem?

"Por que, toda vez que você vai ao seu lugar de oração, vai com hora marcada?

"Será que Deus também marca o tempo que estará ao seu lado para iluminá-lo?

"De quem estamos falando?

"Em qual Deus você acredita?

"Será que o que está faltando é sua fé?"

Após uma pequena pausa reflexiva, falei:

– Como somos imperfeitos...

A mentora, então, prosseguiu:

– Estamos todos no começo, Osmar. Creia que somente o amor é capaz de nos aproximar do desejo do nosso Pai.

– Compreendo tudo isso, Nina, mas confesso, minha nobre mentora, que não é fácil – disse.

– Aprenda que nem toda tempestade vem para bagunçar

a sua vida. Algumas vêm para abrir caminhos e fazer você enxergar tudo ao seu redor por outro ângulo.

– Pior que é verdade – disse Laís.

– Creia que tudo na vida passa por fases ou momentos e que, gradualmente, tudo vai se encaixando e voltando para o lugar.

"Tem hora que um vendaval para sobre nós e derruba tudo, bagunça tudo. Achamos que é o fim, mas não é. É só um chacoalhão da vida para nos mostrar outras formas de ser, de fazer e de existir... Está tudo bem. Tudo está no planejamento evolutivo escolhido por você antes de encarnar."

– Quantas vezes questionei tudo o que vivi até os dias atuais? Quando olho para trás, percebo que poderia ter feito melhor – disse a jovem Laís.

– Deixe o passado onde está, Laís. Você não tem poder sobre ele. Preocupe-se com o hoje e não repita, em hipótese alguma, o que marcou sua história até agora. Planeje o futuro. Porém, não viva nele, porque pode ser que ele nem aconteça ou que aconteça de forma inesperada e diferente.

"Este é o seu momento.

"Aceite o que a vida lhe entrega e que a faz feliz.

"O que não lhe for útil, descarte, pois só tem esta oportunidade. E ela não se repetirá.

"Momentos, Laís. São eles que merecem atenção e cuidado, por ser através dos momentos que escreve as páginas da sua vida.

"Não invista em alguém com base no quanto você gosta dessa pessoa...

"Invista com base no quanto alguém investe em você.

"As pessoas não fazem isso... Elas investem por instinto.

"Muitas pessoas cometem o erro de investir em alguém apenas com base no que elas mesmas sentem.

"Elas dizem: 'Ah, eu realmente gosto dessa pessoa!' E acabam investindo tudo nessa relação.

"Mas a questão, Laís, é que é crucial que ambos invistam com a mesma intensidade nessa relação. Você precisa ver se a outra pessoa está se esforçando e a valorizando da mesma forma.

"Não se trata de amor unilateral ou apenas seguir seus instintos.

"Cuidado com a frustração, pois ela é amiga da depressão."

– Ouvindo você falar tudo isso, Nina... Eu me encaixo perfeitamente em tudo isso. Afinal, foi a depressão que me trouxe até aqui.

– Todos vocês precisam encontrar o equilíbrio onde ambos estão investindo um no outro. Lembre-se desta regra: não invista em alguém com base no quanto você gosta dessa pessoa. Eu já disse e insisto nisso, porque é um erro agir dessa forma.

"Pessoas são lições, Laís.

"Há pessoas que entram em sua vida para que você aprenda a diferença entre o amor e o interesse, entre a amizade e o coleguismo, entre a verdade e a mentira.

"Aproveite as relações para aprender sempre aquilo que não se deve fazer, porque o que a incomoda no outro é o que você nunca deve ver em si."

– Sei disso, Nina. Sempre que me entreguei demais, me machuquei.

– As pessoas que você conhece ao longo da vida são como professores invisíveis, que ensinam lições importantes sobre amor, amizade, profissão, verdade e vida.

"Elas mostram as diferenças entre o amor verdadeiro e o interesse superficial, entre amizades sinceras e relações descompromissadas.

"Cada encontro a ensina a entender melhor quem você é em essência e revela verdadeiramente tudo aquilo que você valoriza nas relações, Laís. Em última análise, todas essas experiências moldam seu intelecto e são o que a fazem crescer em todos os sentidos existenciais.

"Por que as pessoas estão tristes? Vocês sabem?"

– Eu atendo diversas pessoas no Hospital Amor e Caridade que vêm em busca de socorro ao sofrerem de uma tristeza que não sabem explicar – disse. – A maioria está com depressão e outras síndromes, mas confesso, minha nobre mentora, que não faço ideia do que está acontecendo com o mundo atualmente. Acho que estamos vivendo uma pandemia.

– Temos muito o que conversar ainda sobre a depressão. Mas a verdade é que muitos precisam de apoio. Quantas pessoas estão morrendo por falta de uma palavra encorajadora...

"Quantos vivem na solidão... E como é fácil fornecê-la se você não for cuidadoso com o outro, se você desprezar e não acolher...

"Dar atenção e carinho, onde se deve dar atenção e carinho, é dizer: 'Estou aqui'.

"Seja um motivador de quem quer que seja. Não use as palavras para ofender, magoar e ferir quem quer que seja. O que carregamos por dentro nunca é visível...

"Você é uma força para o bem, se assim desejar.

"Seja humano, porque, toda vez que alguém que estiver sofrendo se lembrar de você, toda vez que você for a única luz para quem está na escuridão, Deus vai ver você realizar o que mais O faz feliz.

"Seja bondoso.

"Você pode ser a diferença na vida de alguém.

"Nunca ignore a dor do outro.

"Viver não é uma tarefa fácil.

"Viver sozinho, isolado e esquecido é amargar uma dor profunda. Todos podem ser um apoio, um incentivo, mas não fazer nada pode ser pior ainda.

"Infelizmente, alguns ainda não se sentem tocados pela misericórdia e pelo amor ao outro e apenas assistem. Não faça parte desse grupo.

"A dor do outro precisa incomodar.

"Saiba que, quando a dor do outro não o fere, o paciente é você...

"E, mesmo que não saiba o que fazer, os profissionais da saúde mental sabem. Indique a terapia a quem precisa. Apoie, auxilie, ampare e compreenda que, por mais que tenha conhecimento sobre as síndromes, você nunca vai saber o que o outro sente.

"Se perceber sinais anormais nas pessoas ao seu redor, faça um alerta.

"Ajude. Oriente.

"Seja você quem fará a diferença na vida de alguém.

"Terapia não é indicada para loucos...

"Terapia é para pessoas que estão perdidas dentro de sua mente, seja pela dor, pelo abandono, pela depressão, pela ansiedade etc.

"Não existe vergonha nisso.

"Dê suporte a quem precisa. Seja uma mão que ajuda.

"Amanhã pode ser tarde demais. E você vai se sentir a pior criatura deste Universo.

"Não custa nada ajudar...

"Você é o único responsável por sua caminhada evolutiva. Aproveite e escreva uma linda história."

– Obrigado, Nina. Não sei como agradecê-la por tantos ensinamentos – disse.

– Não agradeça. Faça a sua parte.

– Estou dando o melhor de mim.

– Continue assim...

– Obrigada, Nina – disse Laís.

– Você está absorvendo tudo, Laís?

– Sim. Já me sinto outra mulher.

– Isso é bom – disse Nina. – Vamos em frente.

– Conte sempre comigo – disse.

– Então, nos vemos no próximo capítulo...

– Sim.

“

Você relaxa no avião, mas não conhece o piloto...
Você relaxa no navio, mas não conhece o capitão...
Você relaxa na condução, mas não conhece o motorista...
Então, por que você não relaxa na vida, quando o Todo-Poderoso cuida de você?

”

Osmar Barbosa

Orientações

Passados alguns dias, nos encontramos novamente para dar continuidade a esta obra. Nina estava muito bem-vestida. Sua roupa era diferente. Laís vestia uma espécie de bata da cor azul-clara, que lhe cobria todo o corpo.

– Olá, Osmar!

– Oi, Nina!

– Como você está?

– Estou feliz com este livro. Acho que poderemos ajudar muitas pessoas com seus ensinamentos e conselhos nesta obra. Oi, Laís!

– Oi, Osmar! – disse a jovem sorridente.

Reparei que Laís estava bem melhor. Sua pele estava mais clara e o sorriso já fazia parte daquela linda jovem.

– É bom ser útil, você não acha? – perguntou Nina, aproximando-se ainda mais de mim.

– Como acho! – respondi.

– Podemos continuar a escrever?

– Sim, vamos continuar.

– Vou apresentá-lo à Simone. Ela quer lhe contar sua história, pode ser?

– Simone?

– Sim. Ela quer lhe contar uma história.

– Claro que sim, Nina.

Naquele momento, uma jovem entrou em minha sala, vinda do plano espiritual.

Como todos sabem, minha mediunidade se divide em alguns tipos e um deles é a vidência.

Simone, morena de cabelos na altura dos ombros, adentrou a sala sorrindo.

– Oi, Osmar!

– Oi... Simone, né?

– Sim, meu nome é Simone. Posso me sentar?

– Claro.

– Olá, Nina! Oi, Laís!

– Sente-se, Simone – disse Nina.

Em minha sala existem algumas cadeiras que ficam à disposição dos espíritos.

Ela, então, se sentou ao meu lado.

Nina e Laís se sentaram em outras cadeiras e se mantiveram caladas.

Jovem, bonita e sorridente, Simone me pareceu um espírito evoluído. Os espíritos evoluídos diferem-se. Seus corpos espirituais são mais sutis.

– Posso começar, Nina? – perguntou a jovem, olhando para a mentora.

– Sim, querida, pode começar.

– Posso, Osmar?

– Sim, já estou pronto.

– Minha história não é muito longa. Na verdade, é apenas um relato que acho ser útil ao trabalho que vocês estão desenvolvendo.

– Vamos lá.

– Tudo começou quando, após mais de oito anos em uma relação amorosa, fui abandonada pelo meu noivo. O processo depressivo sempre requer um gatilho. E meu gatilho foi ouvir de quem eu mais amava que me odiava e que nunca mais queria olhar para mim.

"Aquilo me feriu de tal forma que a vida não teve mais sentido.

"Após alguns anos trancada em mim, decidi dar fim àquele sofrimento tirando a minha própria vida.

"Eu estava no último andar de um prédio, a ponto de pular. Estava no fundo do poço e no alto do prédio.

"Eu já havia tentado de tudo para me livrar da depressão: terapia, remédios, grupo de apoio, viagens…

"Minha família já havia feito de tudo, tudo mesmo, mas eu não melhorava.

"Foi quando veio um apoio de alguém que eu não conhecia. Com poucas palavras de amor e incentivo, aquele anjo me levou para o paraíso.

"Eu descobri naquele dia o quanto Deus me ama, me enviando aquele ser de luz que iluminou minha mente de tal forma que imediatamente me recuperei e voltei para mim, voltei para a vida.

"Após apenas alguns meses juntos, nos casamos e constituímos uma linda família.

"Foi o amor mais lindo que alguém possa ter vivido quando estava encarnado.

"Acontece que desencarnei antes dele e estou aqui na vida espiritual esperando meu grande amor para, juntos, eternizarmos nossa relação.

"Descobri o quanto Deus me ama quando permitiu que meu anjo e marido estivesse ao meu lado em todas as minhas encarnações, e não será diferente quando eu o reencontrar.

"Saibam vocês que a espera de quem está na vida espiritual é angustiante assim como a saudade que deixamos naqueles que ficam expiando.

"Deixo meu relato para aqueles que se sentem vazios e solitários. Saiba que anjos existem e que é questão de tempo para você encontrar o seu. Não decida nada sem esperar pelo tempo de Deus, por ser o único que tem o remédio certo para todas as dores do mundo.

"Saiba que Deus tem algo especial para você e que Ele vai lhe entregar esse presente no tempo d'Ele, e nunca no seu.

"Deixe a ansiedade pela solução do seu problema nas mãos de Deus e de Seus anjos, pois, no tempo certo, o remédio chegará até você.

"Ninguém precisa subir no alto de um prédio para que seu anjo apareça. Muitas vezes, o anjo está do outro lado da porta de onde você está, mas sua tristeza não o deixa enxergar.

"Levante a cabeça. Sei que é difícil... Eu já passei por isso. Mas confie: há anjos de Deus em nossa vida."

– Lindo relato, Simone.

– Obrigada, Nina.

– Obrigada, Simone – disse Laís.

– Osmar?

– Sim.

– Posso deixar uma última mensagem?

– Claro, Simone! Claro que sim.

– Escreva que aquilo que você é, aquilo que realmente importa para todos nós, é o que mora dentro de seu coração. O resto é poeira e ego...

– Nossa! Obrigado, Simone.

– Eu é que agradeço pela oportunidade. Posso deixar só mais uma mensagem?

– Claro.

– Aconselho todos que lerem minhas palavras a terem consciência de que o outro não existe para agradá-los ou desagradá-los. O outro existe para ensiná-los.

"Aprenda com todos e com tudo o que lhe acontece diariamente. Assim, compreenderá que há aflições no mundo, mas Ele, que tudo sabe e tudo vê, ama você acima de toda a Sua Criação e você é o desejo do Pai, que o ama profundamente.

"Ninguém é culpado pelo que você está sentindo neste momento. É você quem opta pelos sentimentos que tem neste exato momento. Só você.

"E, por fim, conscientize-se de que a arte de viver sem expectativas, e sim com perspectivas, é a chave para nunca se frustrar com nada e ninguém.

"Obrigada."

– Nós é que agradecemos por seus ensinamentos, Simone.

Naquele momento, ela se levantou, nos abraçou, se despediu e logo nos deixou.

– Impressionante o relato da Simone, Nina.

– Você gostou?

– Sim, ela nos deu um lindo ensinamento.

– Eu também gostei – disse Laís.

– O que você aprendeu com as palavras dela, Laís? – perguntou Nina.

– Aprendi que temos que ter mais atenção com as pessoas que nos cercam. Temos que ficar mais atentos às amizades e às situações que acontecem em nosso dia a dia.

– Deixe-me dizer uma coisa para você.

– Diga, Nina.

– Aprenda que na vida sempre haverá pessoas que vão feri-la, decepcioná-la, humilhá-la e machucá-la, mas nunca deixe isso entrar em seu coração, pois a sua felicidade depende exclusivamente do que você está fazendo agora, de Deus, e não dos outros.

"Busque a força interior que você tem para superar as adversidades, mantenha sua fé inabalável e confie que Deus está guiando seu caminho. Lembre-se de que as pessoas são falhas e imperfeitas. Nunca se permita ser dominada pelo ressentimento e pela mágoa, pois a verdadeira paz vem do perdão e da compaixão.

"Cultive a gratidão pelas lições aprendidas com as dificuldades. Acredite: cada desafio é uma oportunidade de crescimento. E, com a proteção de Deus, você conseguirá superar qualquer obstáculo.

"Mantenha-se firme em seus objetivos e alimente sempre sua fé. Não permita, em hipótese alguma, que as ofensas alheias afetem a sua essência, a qual é divina e divinamente deve ser praticada.

"Siga sempre em frente, de cabeça erguida, em busca da sua felicidade, pois o mais importante para Deus é que você seja sempre feliz."

– Seus ensinamentos e conselhos me convidam a refletir sobre tudo em minha vida, minha nobre mentora – disse, ao observar que Laís estava melhor a cada segundo.

– Osmar?

– Sim, Nina.

– Você já ouviu o ditado que diz que somente o dono da casa sabe onde estão as goteiras e os buracos do telhado?

– Sim. E, confesso, achei bem interessante.

– Você pode recitar para nós esse ditado completo?

– Perdoe-me, Nina, mas não me lembro dele completo.

– Preste muita atenção a este lindo ensinamento.

– Sou seu lápis, minha mentora.

– O ditado diz que somente o dono da casa sabe onde ficam as goteiras e os buracos no telhado.

"Então, não aceite críticas de quem não sabe um terço do que você passa.

"Só você conhece suas lutas e suas dores.

"Cerque-se de pessoas que veem todos os seus lados. Seja sempre bom, mas, quando forem ruins com você, seja melhor ainda. O tempo coloca cada rei em seu trono e cada palhaço em seu circo.

"Ninguém perde por ser bom.

"As pessoas são o que são, mas também o que escolhem ser...

"Você pode escolher fazer o bem.

"Porém, tenha cuidado. Muitas pessoas vão se aproveitar do seu bom coração e se aproximar não pelo que você é, mas, sim, pelo que você pode dar a elas sem cobrar nada em troca.

"Até para ser bom, é preciso impor limites.

"Se você não souber impor limites, será usado e descartado quando não for mais útil... E isso pode adoecê-lo.

"Cuidado com as suas amizades. Cobra mata abraçando...

"Ore sempre, porque realmente tem gente invejando-o e desejando ser você.

"Tem muita gente querendo ter a sua vida de qualquer jeito...

"E não é questão de dinheiro ou status. As pessoas invejam mesmo seu sorriso, sua paz de espírito e a energia boa que você passa a elas mesmo sem perceber..."

– Lembro que já havia lido esse lindo ensinamento em algum lugar, mas esqueci todo o conteúdo.

– É sempre bom estudar e ler. A leitura sempre irá atualizar sua mente e aperfeiçoar seu olhar sobre tudo o que o cerca.

– Verdade, Nina. Ler nos faz transcender a outros planos.

– Somente o interesse pela evolução intelectual tem o poder de tirar qualquer um do lugar em que esteja. E pode ser o pior lugar... O conhecimento é libertador.

– Concordo plenamente com você.

– Osmar, estamos escrevendo sobre tudo o que envolve uma encarnação e orientando todos que querem sair da inércia espiritual e adentrar o universo do conhecimento de si para, através da interiorização de tudo o que estou falando, libertar-se de qualquer quadro depressivo e, além disso, tornar-se um espírito consciente. A partir dessa consciência plena, poderão ascender à superioridade intelectual, destino de todos os espíritos.

– Este livro é libertador, Nina.

– Espero que possamos ajudar muitas pessoas.

– Só não muda quem não quer. Eu mesmo já mudei muito através das psicografias e do contato com vocês, que sempre me ensinam tudo aquilo que me torna melhor.

“Já fui uma pessoa rancorosa, triste e, algumas vezes, vingativa, porque as pessoas não compreendiam meu trabalho e me maltratavam, me levando a quadros depressivos.

“Mas aprendi que as pessoas vão provocá-lo até que você caia na armadilha delas e mostre o seu lado assustador, fazendo com que elas se tornem vítimas...

"Hoje em dia, eu não cobro e nunca mais cobrarei a consideração de alguém. Hoje em dia, eu apenas observo, fico em silêncio e, na maioria das vezes, me afasto. Cada um que preste atenção nos seus atos.

"Ofenda com seu silêncio e vença com a indiferença...

"Sei que, no meu silêncio, fechei portas que nunca mais conseguirei abrir, não por orgulho, mas por amor a mim mesmo. Tenho que me respeitar."

– Ótimo – disse Laís. – Osmar, o que é a raiva?

– Posso responder, Nina?

– A pergunta da Laís foi direcionada a você, Osmar.

– Só peço que, se, por acaso, eu estiver errado, você me corrija. Pode ser, Nina?

– Eu o auxiliarei, se for necessário.

– Então, vamos lá. Para mim, a raiva é a punição que damos a nós mesmos pelo erro de outras pessoas.

"Não dê a ninguém o poder de adoecer a sua vida. Ninguém e, muito menos, nada merece sua dor e seu sofrimento...

"Não brigue. Evite discussões. Apenas se afaste e fique bem consigo mesmo. Afinal, quando doer, você estará sozinho. Lembre-se disso.

"Sei que minha atual posição me custa alguns amigos, familiares e pessoas que não estão dispostas a mudar, a ascender, a se descobrir e a se melhorar.

"Aprendi com muita tristeza e dor a dar a minha ausência àqueles que não fazem nenhuma questão da minha presença... E isso dói. Dói muito.

"Entendi que cada um tem seu tempo e também que o tempo conserta qualquer coisa.

"Eu diminuí meu círculo porque decidi que quem me merece tem que entender que estou em busca do equilíbrio de mim mesmo e que, para mim, o mais importante é estar bem e feliz com aqueles que amo.

"Procuro sempre estar ao lado daqueles que têm a mesma energia que eu.

"Dou valor a quem merece, amor a quem me dá carinho e troca comigo e, finalmente, consideração a quem me considera e me respeita.

"É isso, Nina."

– Vejo que você já está bem adiantado.

– Obrigado. Saiba que você é parte do meu estado de espírito de hoje. Se não fossem as psicografias, os conselhos e os ensinamentos através das mensagens que chegam, eu provavelmente ainda estaria distante do que sou hoje.

– Todos vocês estão encarnados para serem felizes. Quando você compreende isso, a alegria se instala definitivamente.

– Todos deveriam parar de aceitar com facilidade, de tentar viver para agradar e de se preocupar com o que os outros estão pensando.

"Acredito que as pessoas se tornam infelizes porque criam expectativas erradas. Querem que as pessoas e as coisas sejam do jeito que elas criam em suas mentes e nada mais.

"Para mim, Nina, é isso que causa tanta frustração e depressão."

– Você sabe que, se quer alguma coisa, precisa de energia para chegar lá, não sabe?

– Sim, eu sei. Tudo é energia...

– Sua intenção, seu foco, sua concentração, seus esforços, sua meditação, sua ação, sua forma completa de viver e seu jeito de pensar e falar devem estar relacionados a fazer aquela pequena faísca de luz que existe dentro de você crescer.

"Tudo é energia, e o gerador principal é você.

"Não desperdice suas energias com quem não quer saber o que é ser feliz.

"Não desperdice seu tempo com aqueles que estão presos ao passado e, principalmente, não viva no futuro, pois ele ainda não existe. O futuro é uma possibilidade que pode não acontecer. Lembre-se sempre disso.

"Coloque sua força, sua vontade e sua concentração em coisas positivas que importam para você.

"Não viva uma vida tentando agradar quem quer que seja, pois, por mais que você faça, sempre haverá alguém para criticá-lo, seja por inveja ou incompreensão.

"Por isso, viva sempre se melhorando, aperfeiçoando o que há de bom dentro de você e modificando tudo aquilo que o faz sofrer."

– Obrigado, Nina.

– O que todos vocês têm que entender e aprender é que a disciplina leva ao hábito. O hábito leva à excelência. A excelência leva ao lugar que você tanto deseja chegar.

– Obrigado pelo conselho.

– Disciplina, Osmar, disciplina. Lembra?

– Sim. Emmanuel falando com Chico.

– Sem disciplina, Osmar, você será sempre um escravo da motivação.

“Vai haver dias em que a motivação irá abandoná-lo, mas a disciplina vai socorrê-lo.

“Por isso, disciplina, disciplina, disciplina...”

– Mais uma vez, obrigado.

– Não agradeça. Escreva...

– Estou tentando.

– Agora temos que ir.

– Espero por você outro dia, Nina.

– Osmar, nos encontraremos amanhã, pode ser?

– Sim.

– Até amanhã.

– Até amanhã, Osmar – disse Laís.

– Até logo. Obrigado por tantos ensinamentos.

Naquele momento, a doce e sábia mentora me deixou e levou a jovem Laís, que, a cada encontro, me surpreendia com sua luz.

Voltei à minha vida refletindo sobre tudo o que havia escrito até aquele momento.

Como são sábios os espíritos!

Como é bom exercer minha mediunidade!

“

Só depende de nós nos tornarmos melhores…

”

Osmar Barbosa

Francisco

Eu estava em meu escritório resolvendo algumas questões particulares quando percebi que alguns espíritos vinham em minha direção.

Logo me preparei para recebê-los.

Percebi que um rapaz vinha ao lado de Nina e Laís. Naquele momento, me calei à espera do primeiro contato.

– Bom dia, Osmar!

– Bom dia, Nina e Laís!

O rapaz, então, se aproximou de nós.

– Esse é o Francisco, Osmar – disse Nina.

– Muito prazer – disse.

– Eu é que agradeço à Nina e a todos da Colônia Amor e Caridade pela oportunidade de me comunicar.

– O Francisco trabalha conosco, Osmar. Ele trabalha na área de psiquiatria do hospital em nossa colônia.

– Perdoe-me, mas há necessidade de um setor de psiquiatria nos hospitais espirituais?

– Nos hospitais em nossa colônia existem várias especialidades médicas. E a psiquiatria é uma delas – respondeu o rapaz.

– Perdoem-me, mas gostaria de entender mais sobre isso.

– Isso o quê?

– Por que é necessário haver, nos hospitais espirituais, várias especialidades médicas?

– Porque recebemos vários pacientes e cada um precisa de um tipo de tratamento – disse o rapaz. – Ninguém acorda na vida espiritual totalmente curado daquilo que viveu por muitos anos.

"Para os traumas, refazimento perispiritual.

"Para as doenças psicológicas, tratamento e conscientização.

"Para as doenças morais, os umbrais e purgatórios.

"Para cada doença, um tipo de tratamento. Isso se chama misericórdia.

"Aqui reflete-se o que há aí. Simples assim."

– Você é médico?

– Estou psicólogo.

– E você trabalha atendendo pacientes com a psicologia?

– E outras coisas também. Afinal, tantos anos e tantas encarnações como psicólogo me qualificam para ser o diretor do setor de psicologia e traumas do Hospital Amor e Caridade aqui na vida espiritual.

– Quer dizer que vocês tratam pacientes que desencarnam com problemas psicológicos? É isso?

– Sim. Ao chegarem à estação espiritual, esses queridos irmãos são encaminhados para o meu setor, onde imediatamente damos início à conscientização da vida eterna. A partir daí, iniciamos os tratamentos psicoterapêuticos.

– Jesus... E eu achando... Sei lá, nem sei mais o que achar.

– Achismos atrapalham demasiadamente sua evolução. O que recomendamos é racionalidade e estudo.

– Deixe-me ver se entendi...

– Diga – disse Francisco.

– Se desencarno com algum problema psicológico, chego à vida espiritual com esse problema. Logo, sou recebido e tratado de acordo com aquilo que carreguei durante muitos anos. É isso?

– Exatamente. Ninguém se livra do que alimentou na mente pelo simples fato de ter desencarnado. Você traz consigo o que alimentou. Ninguém muda seus conceitos e aquilo em que acredita porque desencarnou. Por isso, não recomendamos que ninguém que esteja sofrendo de depressão tire a própria vida, porque o corpo pode até perecer, mas a mente continuará sustentando os pensamentos terríveis que adoeceram o espírito.

– A morte não livra ninguém da dor. É isso?

– Exatamente. Quem perece é o corpo. A consciência continua ativa, posso lhe assegurar. Quando o suicida chega à vida espiritual e percebe que o ato do suicídio não o livrou da dor, ele se desespera, porque os suicidas são levados automaticamente para as regiões escuras e sofridas dos umbrais e lá ele dificilmente conseguirá ajuda.

– Em nenhuma hipótese o suicídio, é isso?

– Isso mesmo. A morte do corpo não alivia a dor da mente.

– Espero que todos se conscientizem disso.

– É nosso trabalho orientar – disse Nina.

– Sou grato por esta e tantas outras oportunidades que tive e tenho todos os dias.

– Fique atento ao que vou dizer.

– Sou seu lápis, Francisco.

– A memória é contrária ao tempo. Enquanto o tempo leva a vida embora como vento, a memória traz de volta o que realmente importa, eternizando momentos. E tudo o que você tem na memória é, na verdade, seu arquivo pessoal. Nada se perde quando interiorizado.

“Crianças têm o tempo a seu favor e a memória ainda é muito recente. Para elas, um filme é só um filme; uma melodia, só uma melodia. Ignoram o quanto a infância é impregnada de eternidade.

“Diante do tempo, envelhecemos, nossos filhos crescem e muita gente parte. Porém, para a memória, ainda somos jovens, atletas, amantes insaciáveis; nossos filhos são crianças; nossos amigos estão perto; nossos pais ainda vivem.

"Quanto mais vivemos, mais eternidades criamos em nós mesmos. Quando nos damos conta, nossos baús secretos, pela memória ser dada a segredos, estão recheados daquilo que amamos, do que deixou saudade, do que doeu além da conta e do que permaneceu além do tempo.

"A capacidade de se emocionar vem daí, de quando nossos compartimentos são escancarados de alguma maneira.

"Um dia, você liga o rádio do carro e está tocando uma música qualquer. Ninguém nota, mas aquela música já fez parte de você. Foi o fundo musical de um amor ou a trilha sonora de uma fossa... E, mesmo que tenham se passado anos, sua memória afetiva não obedece a calendários e não caminha com as estações. Alguma parte de você volta no tempo e se lembra daquela pessoa, daquele momento, daquela época...

"Amigos verdadeiros conseguem se eternizar na gente. É comum ver amigos da juventude se reencontrando após anos, já adultos ou até idosos, e voltando a se comportar como adolescentes bobos e imaturos.

"Encontros de turma são especiais. Por isso, resgatam as pessoas que fomos, garotos cheios de alegria, engraçadinhos, capazes de atitudes infantis e debiloides como éramos há 20, 30 ou 40 anos.

"Descobrimos que o tempo não passa para a memória. Ela eterniza amigos, brincadeiras e apelidos, mesmo que, por fora, restem cabelos brancos, artroses e rugas.

"A memória não permite que sejamos adultos perto de nossos pais. Nem eles percebem que crescemos. Seremos sempre as crianças, não importando se já temos 30, 40 ou 50 anos.

"Para eles, as lembranças da casa cheia, das brigas entre irmãos e das histórias contadas ao cair da noite ainda são muito recentes, pois a memória amou aquilo e as eternizou.

"Por isso é tão difícil despedir-se de um amor ou de alguém especial que, por algum motivo, deixou de fazer parte de nossas vidas.

"Dizem que o tempo cura tudo, mas não é simples assim. Ele acalma os sentidos, aprimora e coloca um *Band-Aid* na dor.

"Mas aquilo que amamos tem vocação para emergir das profundezas, romper os cadeados e nos assombrar ocasionalmente.

"Somos a soma de nossos afetos, e aquilo que amamos pode ser facilmente reativado por novos gatilhos. Somos traídos pelo enredo de um filme, uma música antiga, um lugar especial... E tudo isso que digo se tornará realidade quando você finalmente se encontrar consigo mesmo fora do corpo carnal.

"Do mesmo modo, somos memórias vivas na vida de nossos filhos, cônjuges, ex-amores, amigos e irmãos.

"Mesmo que o tempo nos leve daqui, seremos eternamente lembrados por aqueles que um dia nos amaram.

“E todos esses que estão ligados a você o encontrarão na vida eterna. Eu disse vida eterna...

“Por isso é que as unidades de tratamento espiritual são tão úteis aqui onde estamos neste momento.

“Tudo o que você é está em sua memória, seu arquivo pessoal, que adoece com muita facilidade quando os conselhos até aqui oferecidos são desprezados.

“Sei que vocês não abordaram nessa obra as causas da obsessão, mas eu gostaria de acrescentar algumas informações extraídas da experiência que temos nos atendimentos àqueles que chegam diariamente em nossa colônia espiritual tomados pela terrível depressão. Claro, se me for permitido... Pode ser?”

– Claro, Francisco. Acredito que será muito útil para todos sabermos um pouco mais.

– Então, escreva, por gentileza.

– Vamos lá.

– Pela experiência que temos nas salas de atendimento em nossos núcleos, as causas da depressão podem ser complexas e variadas, envolvendo uma combinação de fatores genéticos, biológicos, ambientais e psicológicos. Vou expor para vocês alguns dos principais fatores que podem contribuir para o desenvolvimento da depressão.

“O primeiro deles são os fatores genéticos. Pessoas com histórico familiar de depressão têm maior probabilidade de desenvolver a doença. Certas variações genéticas podem predispor indivíduos à depressão.

"O segundo são os desequilíbrios químicos no cérebro. Alterações nos neurotransmissores, como serotonina, noradrenalina e dopamina, responsáveis pela regulação do humor, podem estar envolvidas na depressão.

"Fatores biológicos também podem causar a depressão. Condições médicas, como doenças crônicas e distúrbios hormonais; problemas de saúde mental pré-existentes, como transtornos de ansiedade; e histórico de abuso de substâncias podem aumentar o risco de depressão.

"Eventos estressantes da vida são os mais comuns nos casos que atendemos aqui em nossos hospitais. Experiências traumáticas, perdas significativas, problemas financeiros, relacionamentos difíceis e grandes mudanças na vida podem desencadear, ou contribuir, para o desenvolvimento da depressão.

"Além disso, temos os fatores psicológicos. Traços de personalidade, como baixa autoestima, tendência ao pensamento negativo e padrões de pensamento disfuncionais, podem desempenhar um papel na vulnerabilidade à depressão.

"Muito comuns também são os fatores ambientais. Condições sociais, culturais e econômicas, como pobreza, isolamento social e falta de apoio familiar ou social, também podem aumentar o risco de depressão.

"É importante notar que a depressão pode resultar da interação complexa entre esses fatores. Não existe uma única causa isolada para todos os casos de depressão. A combinação específica de fatores pode variar de pessoa para pessoa.

"O tratamento geralmente envolve uma abordagem multifacetada que considera tanto os aspectos biológicos quanto os psicossociais do indivíduo afetado, além dos danos perispirituais, comuns nos suicidas.

"A depressão não possui uma 'cura' definitiva no sentido de uma solução única e permanente para todos os casos quando o espírito está encarnado, mas pode ser tratada eficazmente com uma combinação de abordagens terapêuticas.

"Se você permitir, eu gostaria de auxiliar os irmãos encarnados com mais algumas orientações. Pode ser?"

– Claro que sim, Francisco. Fique à vontade.

– Vamos lá.

"É muito importante que você, que está lendo este livro e está percebendo que tudo aquilo que informamos até agora tem a ver com o que você está sentindo neste momento, procure ajuda.

"Abordarei a seguir alguns dos principais métodos utilizados no tratamento da depressão nos planos físicos.

"O primeiro método é a psicoterapia. Terapias, como a terapia cognitivo-comportamental (TCC), a terapia interpessoal (TI) e outras formas de psicoterapia, podem auxiliar os indivíduos a entenderem e modificarem padrões de pensamento negativos, aprenderem habilidades de enfrentamento eficazes e lidarem com questões emocionais subjacentes.

“Outro método de tratamento é a medicação. Antidepressivos, como os inibidores seletivos de recaptação de serotonina (ISRS), são frequentemente prescritos para regular os neurotransmissores no cérebro e aliviar os sintomas da depressão.

“Além disso, é importante o apoio social. Ter um sistema de apoio forte, que pode incluir amigos, familiares, grupos de apoio ou comunidades de pessoas que enfrentam desafios semelhantes, pode ser crucial no processo de recuperação da depressão.

“É fundamental ter um estilo de vida saudável. Praticar exercícios físicos regularmente, alimentar-se equilibradamente, dormir adequadamente e evitar substâncias que piorem os sintomas, como álcool e drogas, são medidas importantes para melhorar o bem-estar geral e ajudar a reduzir a depressão.

“A educação e o autoconhecimento também têm um papel essencial no tratamento. Aprender sobre a depressão, seus sintomas e suas causas pode capacitar os indivíduos a identificarem sinais precoces, procurarem ajuda quando necessário e participarem ativamente do seu próprio processo de recuperação.

“Há também os tratamentos complementares. Algumas pessoas encontram benefícios em técnicas complementares, como meditação, acupuntura, ioga ou outras práticas de relaxamento. Embora essas abordagens possam não substituir tratamentos convencionais, podem ser úteis como complemento.

“É importante ressaltar que o tratamento da depressão é altamente individualizado. Não se trata algo pessoal em grupo.

“Nem todos os métodos funcionam da mesma forma para todas as pessoas, e é comum ser necessário ajustar o plano de tratamento ao longo do tempo para encontrar o que funciona melhor para cada indivíduo. Além disso, a persistência no tratamento e o apoio contínuo são fundamentais para gerenciar e melhorar os sintomas da depressão.

“O suicídio é uma questão grave e complexa que, em muitos casos, está associada à depressão. A depressão severa pode levar a um estado de desesperança profunda e desespero, onde a pessoa sente não haver saída para o seu sofrimento. A seguir, abordarei alguns pontos importantes sobre o suicídio relacionado à depressão.

“A pessoa deprimida pode estar sentindo desesperança e desamparo. A depressão pode fazer com que a pessoa se sinta completamente desamparada e sem esperança de melhora. Ela pode começar a acreditar que seus problemas são insuperáveis e que sua situação nunca melhorará.

"É comum haver uma sensação de isolamento e solidão. Muitas vezes, pessoas deprimidas se sentem isoladas e desconectadas dos outros, mesmo que haja pessoas ao seu redor. Esse isolamento pode aumentar o risco de suicídio, pois a pessoa pode achar difícil buscar ajuda ou suporte.

"Também pode ocorrer ideação suicida. Pensamentos de morte ou suicídio são comuns entre pessoas deprimidas. Esses pensamentos variam desde ideias vagas sobre não querer mais viver até planos detalhados de como cometer o ato.

"Além da depressão, outros fatores de risco para o suicídio incluem histórico pessoal ou familiar de tentativas de suicídio, abuso de substâncias, presença de transtornos mentais adicionais, experiências traumáticas, perdas significativas recentes, acesso a meios letais e falta de suporte social.

"É necessário destacar a importância da intervenção. É crucial que pessoas que estejam enfrentando a depressão e pensamentos suicidas sejam tratadas adequadamente. Intervenções como terapia, medicação, apoio emocional e medidas de segurança, como remover acesso a meios letais, podem ajudar a reduzir o risco de suicídio.

"É importante reconhecer os sinais de alerta, como mudanças drásticas no comportamento, falar sobre morte ou suicídio de maneira direta, despedidas repentinas, isolamento social extremo e expressões de desesperança ou desamparo.

"Também é importante enfatizar a necessidade de ajuda profissional. A intervenção de profissionais de saúde mental é essencial. Psicólogos, psiquiatras e outros profissionais de saúde mental podem auxiliar a pessoa a desenvolver estratégias para lidar com a depressão, reduzir o risco de suicídio e oferecer suporte contínuo.

"É fundamental tratar a depressão de maneira séria e buscar ajuda profissional imediata se você ou alguém que você conhece estiver enfrentando pensamentos suicidas. O suicídio é prevenível, e o apoio adequado pode fazer uma grande diferença na vida daqueles que estão lutando contra a depressão e a ideação suicida.

"A origem da depressão não pode ser atribuída a uma única causa, por ser uma condição complexa, resultante da interação de vários fatores.

"É importante destacar que a depressão pode se desenvolver de maneira diferente em cada pessoa e frequentemente envolve uma combinação única de fatores biológicos, psicológicos e ambientais. Além disso, os mecanismos exatos pelos quais esses fatores interagem para causar a depressão não são completamente compreendidos, mas a pesquisa continua a explorar essas complexidades.

"Tratar a depressão geralmente requer uma abordagem multifacetada, que pode incluir psicoterapia, medicamentos, mudanças no estilo de vida, apoio social e outras intervenções personalizadas. A compreensão da origem e dos fatores que contribuem para a depressão é essencial para desenvolver estratégias eficazes de prevenção e tratamento.

"A visão sobre se a depressão pode ter causas espirituais varia amplamente entre diferentes perspectivas e crenças. Tentarei abordar essa questão considerando diferentes pontos de vista.

"Primeiro, temos a perspectiva religiosa ou espiritual. Em algumas tradições religiosas ou espirituais, a depressão pode ser vista como resultado de um desequilíbrio espiritual, falta de conexão com valores espirituais, punição divina ou influência de forças espirituais negativas. Nesses contextos, a cura da depressão pode envolver práticas espirituais, como orações, rituais de purificação e aconselhamento espiritual, ou buscar reconciliação com valores espirituais.

"A segunda abordagem é a psicológica. Do ponto de vista da psicologia clínica e da psiquiatria, a depressão é geralmente compreendida como uma condição multifatorial, influenciada por fatores biológicos, psicológicos e ambientais. Isso inclui desequilíbrios químicos no cérebro, padrões de pensamento disfuncionais, traumas emocionais e estressores ambientais. Tratamentos como terapia cognitivo-comportamental, antidepressivos e apoio social são amplamente reconhecidos como eficazes para tratar a depressão.

"Por fim, temos a integração de abordagens. Algumas pessoas optam por uma abordagem integrativa, combinando práticas espirituais com tratamentos convencionais. Isso pode incluir o uso de meditação, *mindfulness*, práticas de autocuidado baseadas na espiritualidade ou busca de apoio espiritual como complemento ao tratamento médico.

"É importante considerar que, independentemente da perspectiva sobre as causas da depressão, é crucial abordar a condição com seriedade e buscar tratamento adequado. Muitas vezes, a depressão requer intervenção profissional e apoio especializado para ser gerenciada eficazmente. A escolha de integrar práticas espirituais no processo de tratamento deve ser feita com cuidado, garantindo que não substituam tratamentos médicos necessários, mas, sim, complementem e apoiem o bem-estar integral da pessoa afetada.

"Podemos continuar?"

– Sim. Estou impressionado com tudo.

– Eu gostaria de dar alguns conselhos para quem sofre ou quer ajudar alguém com depressão.

– Vamos lá.

– Aqui estão algumas mensagens que podem ajudar a oferecer apoio e incentivo a alguém que está lutando contra a depressão:

"1. Você não está sozinho. Estamos aqui para você sempre que precisar.

"2. Você é forte e capaz de superar isso, mesmo que pareça difícil agora.

"3. Não tenha medo de pedir ajuda. É um sinal de coragem cuidar de si.

"4. A cada dia, você está dando passos importantes, mesmo que sejam pequenos. Cada passo conta.

"5. Lembre-se de que seus sentimentos são válidos, mesmo os mais difíceis.

"6. Você é amado e valorizado, mesmo nos momentos em que não consegue sentir isso.

"7. Estou aqui para ouvir sempre que precisar desabafar. Você não precisa passar por isso sozinho.

"8. Há esperança e luz no fim do túnel, mesmo que agora pareça distante.

"9. Não se cobre tanto. Dê um passo de cada vez e celebre cada pequena vitória.

"10. Você é mais forte do que pensa e tem o poder de criar um futuro melhor para si.

"Lembre-se de adaptar essas mensagens ao estilo e à relação que você tem com a pessoa. O apoio consistente e empático pode fazer uma grande diferença para alguém que enfrenta a depressão, mostrando haver pessoas ao redor dispostas a ajudar e apoiar durante esse desafio.

"Se me permite, eu gostaria de deixar uma mensagem de autoajuda para inspirar e fortalecer alguém que está buscando superar desafios, como a depressão."

– Fique à vontade, Francisco.

– Vamos lá.

"Você é mais forte do que imagina. Apesar dos dias difíceis e das tempestades, que podem parecer intermináveis, você está aqui, enfrentando cada obstáculo com coragem e determinação. Cada passo que você dá, por menor que seja, é um testemunho do seu poder interior.

“Lembre-se de que está tudo bem não estar bem o tempo todo. Às vezes, a jornada para a cura e o crescimento pode parecer uma escalada íngreme, mas cada subida fortalece seus músculos emocionais e o prepara para novos horizontes de paz e felicidade.

“Permita-se sentir e ser vulnerável e saiba que não há vergonha em pedir ajuda quando necessário. A força reside não apenas na resistência, mas na capacidade de buscar apoio e aprender com cada experiência.

“Você merece amor, compaixão e alegria. Mantenha-se firme na sua jornada, pois cada passo em direção ao autocuidado e à cura é um passo em direção ao seu bem-estar.

“Conte com meu carinho e apoio sempre.

“Espero que essa mensagem possa trazer um pouco de conforto e encorajamento para quem está enfrentando desafios.”

– Nós é que agradecemos a você por nos trazer esse conteúdo, que certamente irá ajudar muitas pessoas a superarem o que estão vivendo neste momento.

– Agora, se me permite, tenho que ir.

– Obrigado por tudo, Francisco.

– Não agradeça. Escreva...

– Sim, continuarei em minha missão.

Assim, eles me deixaram naquela manhã...

“

A saudade é uma dor de dois mundos...

”

Chico Xavier

O reencontro

Naquele mesmo dia, na parte da tarde, fui procurado novamente por Nina e Laís para darmos continuidade.

– Olá, Osmar!

– Oi, Nina!

– Podemos continuar?

– Sim. Deixe eu me organizar.

Após me preparar, continuamos a escrever.

Laís se aproximou de mim e começamos o diálogo.

– Osmar, eu gostaria que você colocasse nesta obra o que tenho a dizer. Pode ser?

– Claro, Laís.

– Acho que, após tudo o que passei, tenho a capacidade de dar alguns conselhos a quem precisa.

– Fique à vontade, Laís.

– Escreva, por gentileza.

– Vamos lá.

– É muito sobre mim o que iremos escrever, ok?

– Sou seu lápis.

– Se o seu eu do passado não compreender as coisas como você compreende agora, seja gentil consigo mesmo.

Ame-se mais... Respeite seus sentimentos e não perca tempo com aquilo que você não pode mudar e que nem sequer pode acontecer na sua vida.

"O futuro é apenas um projeto, um sonho ou um desejo. E lamento lhe dizer, mas a maioria deles não acontece. Então, de que adianta você sofrer ou se preocupar com algo que ainda é uma possibilidade?

"Se é uma possibilidade, pode ser que nunca exista.

"Você não conseguirá mudar o passado. O melhor mesmo é deixá-lo onde ele está: no passado.

"Considere-o como um velho quadro exposto em algum museu bem distante de você.

"De que adianta se arrepender de algo que você não pode mais mudar ou que você não tem mais controle?

"De que adianta se lamentar, se já está feito?

"Por isso, deixe o passado na lembrança adormecida do seu ser.

"Se eu pudesse voltar no tempo hoje, sabe o que eu faria, Osmar?"

– Não – respondi.

– Se eu pudesse voltar no tempo hoje, daria um abraço muito apertado na minha versão pré-adolescente. Aquela jovem passou por tantas coisas sozinha e em silêncio. Ela merecia esse abraço. Ela merecia saber que sua versão madura e adulta a ama e tem orgulho do quão forte ela foi e da coragem que teve para enfrentar tudo o que enfrentou. Mas ela está no passado, onde deve sempre ficar...

– Que lindo!

– O trauma ensina você a fechar o seu coração e vestir uma armadura, enquanto a cura ensina você a abrir o seu coração e estabelecer limites. Então, cure-se imediatamente. Você não merece viver o que está vivendo...

“Quando estamos encarnados, a vida é uma longa viagem com conexões, ensinamentos e data incerta de partida. O que levamos dela?”

– Não sei, Laís.

– As experiências e o bem que fizemos. O que todos devem aprender é que somos todos viajantes. Quando estiver encarnado, trate bem todos os viajantes, que, assim como você, precisam das experiências para evoluírem.

“Um dia, você vai se lembrar de tudo o que passou e enfrentou para estar onde está neste momento. Nesse dia, você vai se emocionar e chorar, por ter a consciência de que conseguiu superar seus piores momentos.

“Confie que um dia tudo o que você está vivendo hoje estará guardado em alguma lembrança que, tenho certeza, você buscará esquecer.

“Às vezes, a vida não nos dá o que desejamos, mas, sim, o que precisamos.

“Confie na Espiritualidade que o envolve. Você não é carne, músculos, ossos e sangue; você é um espírito eterno expiando temporariamente em um mundo onde todos estão em busca da conscientização do ser existencial. Há uma batalha interna do autoconhecimento e da conscientização da Espiritualidade que, por muitas vezes, faz com que o espírito se sinta incapaz. Mas fique certo de que há um planejamento evolutivo para toda a Criação.

“Nenhum de nós está sozinho.

“Não se sinta abandonado, porque você não está...

“Você é parte de um projeto divino.

“Calma... Isso passará...

“Compreenda que, às vezes, Deus não cessa o vento forte, mas firma seus pés na rocha.

“Às vezes, Ele não acalma a tempestade, mas entra em seu barco para não permitir que você afunde.

“Às vezes, Ele permite que o fardo seja mais pesado, mas aumenta a força de seus ombros.

“Lá na frente, Ele irá lhe mostrar que aquilo que tem vivido hoje era necessário para lhe mostrar o quanto você se fortaleceu no amanhã.

“Nunca haverá vitória sem luta, nem recompensa sem esforço.

“Então, lá na frente, você irá perceber que, em todos os momentos da sua vida, Deus estava cuidando de você.

“Por isso que você sempre venceu...

“Por isso que você chegou aonde está... E agora você precisa compreender que, sem Deus, nada é possível.

“Quem estabelece a conexão com Deus é você, que é filho e que, sempre que precisar, encontrará nas experiências da vida partículas de Deus a guiá-lo.

“Aprenda definitivamente que você não pode controlar o que as pessoas lhe entregam, mas que é você quem decide o que guarda ou descarta.

"Aprenda que o que o torna grande não é o que você tem, mas, sim, aquilo que você é quando confrontado com a vida.

"Acredite sempre na sua capacidade de superar desafios. Dentro de você existe uma força imensurável, que pode transformar dificuldade em oportunidade de crescimento moral e espiritual.

"Saiba que Deus não quer muito de você. Ele só quer que você seja feliz... sempre feliz.

"Entenda que o tempo de Deus tem seus mistérios. Porém, não nos cabe entender, mas confiar...

"Entenda que o nosso tempo tem pressa, e o tempo de Deus tem a perfeição. Nada do que Ele nos entrega é para o nosso mal.

"Nunca duvide de sua capacidade de superar e modificar tudo ao seu redor. Reconstrua-se quantas vezes forem necessárias. A vida é feita de altos e baixos.

"Quando estiver por cima, admire a paisagem. Porém, quando estiver por baixo, ache novamente os degraus para subir.

"O sofrimento não é destino dos filhos de Deus. O sofrimento é consequência de sonhos mal planejados.

"Não turbe seu coração. Creia em Deus e, olhe, há três verdades na vida.

"A primeira é: não se preocupe com as pessoas do seu passado. Há uma razão pela qual elas não estão mais presentes e outra razão pela qual não chegaram ao seu futuro.

"A segunda é: uma pessoa muda por duas razões, porque aprendeu demais e por sofrer o suficiente para mudar.

"E a terceira é: não dependa de ninguém na sua vida, somente de Deus, pois até a sua sombra o abandonará quando você estiver na escuridão.

"Assim, creia em si mesmo.

"Aposto em você.

"Saia da inércia e pare imediatamente de procrastinar.

"Você é o único responsável por tudo o que está vivendo hoje.

"Se está ruim, levante a cabeça e recomece a andar. Tudo o que você viveu até aqui serve de experiência para mudar.

"A vida pode ter lhe tirado muitas coisas, mas uma, tenho certeza, ela não lhe tirou..."

– Qual, Laís?

– O amor-próprio. Nunca coloque nada à sua frente, pois o que deve estar sempre em primeiro lugar é você.

"Ame-se como ninguém nunca o amou.

"Sorria como ninguém nunca sorriu para você.

"Dance, cante e alegre-se. A vida é bela e o momento que você está enfrentando é apenas mais uma batalha, que, tenho certeza, você já venceu.

"Não é questão de piedade; é questão de amor-próprio, e isso você é quem faz crescer.

"Você pode demorar o tempo que for para entender isso, mas, quando entender, nada mais o parará.

"Nunca culpe ninguém na vida.

"As pessoas boas lhe darão felicidade.

"As pessoas ruins, lições.

"E as melhores pessoas lhe deixarão memórias. São essas memórias as que valem a pena você guardar.

"Quantas vezes nos lembramos do que foi ruim, dando tanto valor ao que não tem? E quantos acontecimentos maravilhosos vivenciamos sem dar a devida importância?

"Quantas vezes nos perdemos nos delírios daquilo que nunca existiu ou existirá?

"Não desperdice o seu presente tentando consertar um passado que você sabe que não terá futuro.

"A vida só lhe permite recomeçar quando você realmente aceita o fim de um ciclo. Muitas vezes, nos apegamos ao que é familiar, com medo do desconhecido. Mas, para crescer e evoluir, precisamos aprender a dizer adeus.

"Cada fim é uma oportunidade disfarçada. É uma porta disfarçada que se abre para novas oportunidades, para novas aventuras e possibilidades.

"Lembre-se de que cada despedida traz consigo a chance de um recomeço. Não tenha medo de se despedir. Liberte-se do passado que tanto o machuca, abra espaço para o novo e confie que coisas incríveis estão por vir.

"Aprenda que tanto a fé quanto o medo exigem que você acredite em algo que não pode ver. A decisão é e será sempre sua. Você escolhe o que absorve ou repele. E, se você não aprender a administrar seus sentimentos, acabará se transformando naquilo que você nunca desejou.

"Certa vez, eu mesma fiz uma bagunça tão grande em mim por querer organizar coisas que não eram minhas. A gente tem essa mania de querer ser a solução do problema de outras pessoas, né? De ficar do avesso para deixar o outro do lado certo. De perdoar o imperdoável e continuar insistindo, por achar que a mudança existe. E ela existe para quem quer. Mas, nesse caso, eu não falo da mudança do outro; é da mudança em si mesmo. Você é que precisa mudar e parar de ocupar espaços que não são seus e de insistir em coisas que machucam. Algumas mudanças doem, eu sei. Casa nova é algo chato e nos deixa perdidos, mas é melhor se perder tentando se encontrar do que se perder tentando melhorar alguém...

"Por isso, faça suas malas, encaixote e não procure um imóvel novo. Abrigue-se em você. Faça-se de morada e ame a sua casa. Sirva-se um café e seja um bom anfitrião. Você sempre será o seu melhor abrigo, a sua melhor companhia e o seu melhor investimento.

"Conscientize-se de que você não é um acaso. Você é uma pequena partícula divina. É isso mesmo que você está lendo... Você é um pedacinho de Deus.

"Faça-se luz.

"Irradie sorrisos.

"Espalhe amizades.

"Perdoe os que o acusam injustamente. Eles não sabem o que fazem...

"Seja gentil com todos que cruzarem seu caminho, porque, no final, fica o que você é, e não o que você juntou...

"A maior conquista não é ser rico; ser rico faz parte. A maior conquista é estar sempre em paz com sua consciência.

"Ela é seu verdadeiro juiz.

"Aquele que o julga será julgado.

"Aquele que o fere será ferido.

"Aquele que o injuria será injuriado.

"Colhe-se na vida espiritual o fruto da semeadura terrena. Por isso, escolha muito bem as sementes do seu jardim.

"A Lei Maior é a lei da evolução, e todos estão intrinsecamente inseridos nesse projeto, que não é meu nem é seu. Ele é do Pai, que tudo criou, e tem seus mistérios, que um dia se revelarão...

"Tudo o que for seu um dia o encontrará.

"De nada adianta sofrer pelo que ainda não existe.

"Valorize o tempo que você tem com saúde, para que um dia não lhe doa saber que perdeu muito tempo com coisas tolas.

"Aproveite os amigos, os familiares, os colegas...

"Saiba separar quem o valoriza de quem o usa.

"Aprenda a dar sua ausência a quem não faz nenhuma questão da sua presença. Isso pode doer, mas educa e o faz forte.

"Procure estar sempre perto das pessoas que você ama. Crie memórias boas com elas. Conversem, deem risadas e comam algo gostoso juntos...

"No futuro, isso é o que fica.

"Um dia, você será apenas uma foto no porta-retrato de alguém, sobre o móvel da sala ou preso em uma parede... Mas, se tivermos amor, permaneceremos vivos nos corações dessas pessoas.

"Eu mesma, sempre que visito meus familiares, me emociono ao ver o quanto minha estada no plano físico foi importante para eles."

– Você visita sua família com frequência, Laís?

– Sempre que a saudade aperta meu peito, meus amigos aqui do plano maior me permitem vê-los.

– Será que terei essa permissão?

– Isso só depende das sementes que você está plantando em seu jardim hoje.

– Entendi...

– Vejo que você já está pronta para seguir, Laís – disse Nina, aproximando-se de nós.

– Agradeço a você e sua equipe, Nina, por tudo isso. Sem vocês, talvez eu ainda estivesse perdida no vale da solidão.

– O tempo é o remédio para tudo e para todos.

– Sinto que, a cada dia que passa aqui, meu interior se expande. Parece que memórias adormecidas despertam dentro de mim.

– Essa é uma das grandiosas coisas de nosso Pai – disse Nina com um olhar carinhoso.

– Eu me sinto ótima, Nina. Acho que já posso dar o próximo passo.

– Quero ser sua companhia. Posso?

– Meu Deus, como recusar qualquer coisa a você depois de tudo o que fez por mim?! Como não desejar sua companhia, minha doce amiga?!

– Venham, vamos até a colônia – disse Nina.

– Eu também tenho que ir, Nina?

– Se desejar, desdobre-se e siga-nos.

Naquele momento, confesso, a curiosidade e a ansiedade tomaram conta de mim. O que iríamos ver?

Próximo passo? Como assim?

O que estaria reservado para Laís após sua melhora na vida espiritual?

Em desdobramento, eu as segui...

"

A vida espiritual é nossa próxima realidade...

"

Osmar Barbosa

Em Amor e Caridade

Existem, no mundo espiritual, cidades espirituais. Alguns chamam essas cidades de colônias espirituais; outros, de mundos transitórios e por aí vai.

A Colônia Espiritual Amor e Caridade fica na Colônia das Flores, a qual é uma das mais antigas e maiores colônias espirituais instaladas sobre o Brasil. Ela fica acima dos estados de Santa Catarina, Paraná, Mato Grosso do Sul e um bom pedaço de São Paulo. Portanto, como todos podem ver, a Colônia das Flores é bem grande.

A Colônia Amor e Caridade foi criada recentemente, há cerca de 120 anos, aproximadamente.

Ela foi criada para oportunizar alguns espíritos a seguirem aperfeiçoando-se e evoluindo.

A Colônia das Flores é especializada no atendimento a pessoas que desencarnam vítimas de câncer.

A Colônia Amor e Caridade também tem por especialidade socorrer as crianças vítimas dessa doença. Além disso, é uma colônia que auxilia alguns centros espíritas instalados no orbe terreno. Alguns dos mentores dessa colônia auxiliam médiuns a desenvolverem um trabalho de orientação, auxílio, amparo e conscientização da vida eterna aos doentes, os quais são levados a esses centros espíritas. Tudo se comunica segundo esses amigos. "Misericórdia divina", dizem eles.

Chegamos ao Hospital Espírita Franz Mesmer e nos dirigimos à sala da diretoria, onde tive a grata surpresa de rever o doutor Marcos, que parecia nos aguardar. Eu o conheci na psicografia do livro *Depressão – A Vida sem Mim*, lançado recentemente.

Ao perceber nossa presença, Marcos se colocou imediatamente à disposição dos visitantes.

– Olá, queridos! – disse, recebendo-nos.

– Olá, Marcos! – disse Nina, abraçando-o.

– Querido escritor, como vai?

– Estou ótimo e feliz em vê-lo novamente.

– Nós é que ficamos gratos por sua psicografia.

– É meu dever...

– Marcos, eu trouxe a Laís para o nosso encontro – disse Nina.

– Já está tudo preparado. Podemos ir.

– Ir para onde? – perguntou Laís.

– Fique calma. O que temos para revelar a você vai deixá-la emocionada e feliz.

– Desde o dia em que cheguei aqui que as surpresas não me deixam – disse Laís.

– A continuidade da vida é uma grande e linda surpresa para todos – disse Nina.

– Venham. O veículo nos espera – disse Marcos.

Saímos do hospital e seguimos para a parte sul da colônia em um veículo que nunca havia visto. Parecia um micro-ônibus, mas não tinha motor nem portas.

Não andava sobre trilhos ou estrada; ele flutuava a poucos centímetros do chão.

Deslizava suavemente, como se flutuasse em nuvens...

– O que houve, Osmar?

– Achei bem legal esse veículo, Nina.

– Todas as cidades espirituais têm veículos de transporte.

– Eu já tinha visto alguns, mas nenhum como esse.

– Aproveite e relate que o conforto e a segurança fazem parte da rotina dos espíritos.

– Percebo que tudo é feito para o bem-estar de vocês.

– As cidades espirituais são perfeitas – disse Marcos.

– Sou um admirador de tudo aqui, doutor.

– Eu me surpreendo diariamente com tudo o que há aqui – disse Laís.

– E você, Laís, gosta do que vê?

– Sim, doutor. Tudo aqui é maravilhoso.

– Chegamos – disse Marcos.

O veículo que nos conduzia parou na frente de um prédio onde havia vários jovens sentados à frente. Parecia uma escola para adolescentes.

– Que lugar é esse, Nina?

– É um centro educacional.

– Uma escola?

– Para jovens e adolescentes.

– E o que eles fazem aqui?

– É um local que tem a finalidade de proporcionar aos jovens e adolescentes, por meio de imersão e dinâmicas, o incentivo à cultura, artes, ciências, inovação e tecnologia, além de tudo o que pode se aplicar a esses recém-chegados para integrá-los à nova experiência, agora fora do corpo físico.

– Os encontros aqui visam também estimular o protagonismo dos estudantes, uma vez que serão eles os responsáveis pela elaboração e desenvolvimento de projetos artístico-culturais, sociais ou científicos interdisciplinares, orientados por um professor, buscando incentivar a maior integração entre comunidade escolar e tudo o que é novo após o desencarne – disse Marcos.

– O jovem não chega à vida espiritual como adulto. É bom que todos saibam disso.

– Que legal, Nina!

– Lembrei-me do meu pai – disse Laís.

– O que tem o seu pai? – perguntou Marcos.

– Meu pai era professor e organizava esses encontros estudantis quando estava entre nós, Marcos.

– Venha, vamos entrar. O evento já vai começar.

Entramos e nos sentamos na primeira fileira, pois havia lugares reservados para nós.

Ficamos sentados à espera do início.

Naquele momento, desconfiei que algo muito especial iria acontecer ali.

Uma senhora adentrou e anunciou o início do evento com uma música especial.

Logo todos ficaram de pé e uma prece foi proferida.

Todos rezaram…

– Senhoras e senhores, tenho a honra de chamar a este palco o professor Alan.

Todos se colocaram de pé e aplaudiram calorosamente a entrada daquele senhor de cabelos brancos e de estatura mediana.

Somente Laís não se levantou, pois suas pernas não a sustentaram, tamanha a sua emoção.

Diante de nós estava o pai de Laís, que, emocionada, soluçava as lágrimas da alegria de rever seu amado pai.

Ao entrar no palco e perceber a presença da filha, Alan se ajoelhou e orou aos céus, agradecendo por aquele dia.

Todos nos emocionamos.

Nina olhou para Laís e disse:

– Vá ao encontro do seu pai, querida…

Laís, tomada pela emoção, se levantou e correu até o palco, abraçando com amor seu querido pai.

Todos choramos naquele auditório.

A vida espiritual é cheia de surpresas emocionantes e maravilhosas.

Marcos olhou para mim sorrindo.

Emocionado, quase não consegui me mexer. Algumas lágrimas visitaram meu rosto naquele momento, pois me lembrei de todos os que amo e que estão na vida espiritual.

Foi quando todos os presentes aplaudiram Laís e o professor Alan, que estavam abraçados e emocionados.

– Vamos, Osmar – disse Nina.

– Aonde vamos?

– Vamos embora. – Eu, Nina e Marcos nos levantamos e saímos. – Laís agora vai ficar uns dias com o seu pai. A saudade é grande e eles têm muito o que conversar.

– Que lindo o que presenciei hoje, Nina!

– Tudo aqui é emoção e amor, Osmar – disse Marcos.

– Sei – disse. – Para onde iremos?

– Vamos voltar ao hospital. Tenho algo a lhe dizer – disse Marcos.

O veículo nos esperava. Assim, voltamos ao hospital e nos dirigimos a uma enorme enfermaria, onde puder ver que havia muitos pacientes em recuperação.

Eram muitas macas e um grupo bem grande de operários do amor entre elas.

Todos estavam sendo cuidados.

– Quem são esses pacientes, Marcos?

– São irmãos que desencarnaram sofrendo quadros depressivos.

– Vocês cuidam deles aqui?

– Sim. Esse setor é exclusivo para esse tipo de paciente. Osmar, você sabe qual é o motivo mais usual que pode levar uma pessoa a quadros depressivos?

– Não.

– É quando se tenta caber no mundo ao seu redor.

"Faz mal para a saúde frequentar lugares em que não o desejam. Faz mal para a saúde emocional se relacionar com pessoas que só o desprezam, ignoram, maltratam e rejeitam. Não se diminua para caber no mundo de ninguém.

"Não fique se amassando para entrar na vida de ninguém. Você não é mendigo afetivo para sempre ficar tentando dar um jeitinho... Será que me cabe aqui? Será que sou bem-vindo aqui, ali, acolá? Será que aquela pessoa quer que eu fique na vida dela? Será que sou bem-vindo naquele lugar?

"Se não o recebem bem, retire-se.

"Quem quiser você por perto ou em sua vida vai tratá-lo como você merece. Se isso não acontece, tchau. Procure outra praia para atracar seu barquinho...

"Quem quiser frequentar a sua vida é e será sempre bem-vindo. Quem não merece a paz do seu interior que parta em paz do seu caminho...

"Onde não houver amor, não se demore.

"Não existe nenhum motivo para permanecer onde o amor não pode acontecer.

“Se amar é mudar tudo à sua volta, você deve escolher muito bem onde se entrega integralmente.

“Se o ambiente não o celebra, não tem motivo algum para permanecer nele. Só fique onde lhe cabe, onde se sente valorizado e querido.

“Não diminua quem você é para caber no mundo de quem quer que seja.

“Saiba que cada espírito encarnado tem um roteiro evolutivo a seguir.

“Pare de correr atrás de quem não faz questão de você.

“Aprenda que, se custa a sua paz, custa muita coisa. Se custa a sua noite de sono, é escusado.

“Faça isso e você nunca passará pela depressão, pois, na maioria das vezes, a depressão começa quando você permite que outras pessoas vivam a sua vida, quando tenta se adaptar àquilo que você não é em essência para agradar quem nunca o amou e quando você não se valoriza como deveria.

“Em relação às perdas afetivas, aprenda a agradecer por quem se foi.

“Não seria mais justo você agradecer o tempo em que pôde desfrutar a presença, os sentimentos que os envolveram, o carinho, os momentos em que você teve oportunidade de abraçar, amar e conviver ao lado de quem se foi do que condenar Deus todos os dias pelos dias em que você não tem mais essa pessoa ao seu lado?

“O que é mais justo?

"Agradecer pelo tempo em que você esteve com seu familiar ou o tempo que você está sem ele?

"O outro não tem o direito de seguir para a pátria espiritual sem você? Isso não seria egoísmo de sua parte?

"Afinal, antes dessa pessoa pertencer à sua história, ela é filha de Deus.

"Não seria mais justo e perfeito acreditarmos que quem se foi permanece vivo, expiando e experimentando coisas que o tornará melhor, até que você tenha outra oportunidade de reencontrá-lo?

"Acha mesmo que Deus comete injustiças?

"Acha que Deus é capaz de lhe fazer algo que o prejudicará?

"Aprenda a viver com sua separação temporária.

"A morte de um filho, um pai, uma mãe ou alguém muito especial é como uma amputação… Adapte-se ao novo mundo à sua frente. Aprenda a viver sem esse membro, embora sempre o sinta por perto.

"Coloque-se no lugar de Deus, que viu Seu filho perecer na cruz e não fez nada…

"Pergunte-se: por que Deus viu Jesus sofrer na cruz até a morte e não fez nada?

"Se é Ele Deus, por que permitiu que Seu amado filho sofresse tanto?

"Ele viu Seu filho perecer gradualmente e não fez nada…

"Por que será?

"Há uma promessa de que, um dia, todos nos reencontraremos para novamente expiar.

"Creia nisso e viva como se hoje fosse o último dia da sua vida de encarnado. Sim, porque não existem outras vidas... A vida é única e eterna.

"O que você está vivendo neste momento é somente a vontade de Deus, que permite que tudo aconteça para atingir os objetivos d'Ele, e não os seus...

"Respeite as vontades de Deus, que tudo sabe e tudo vê, e compreenda que você deverá sempre se adaptar às transformações que modificam sua vida. São elas que lhe proporcionarão, um dia, estar ao lado do Pai e de todos que você aprendeu a amar até hoje.

"Quer um conselho?"

– Claro que sim.

– Seja uma pessoa melhor para você mesmo...

"Priorize-se, ame-se e cuide-se.

"Reconheça suas conquistas e não lastime suas derrotas.

"Orgulhe-se de onde você já chegou. Coloque-se sempre em primeiro lugar.

"É você quem enfrenta seus piores e melhores dias...

"Você é e será sempre sua melhor companhia. Pare de colocar seus problemas na vida dos outros. Eles não são você...

"Entenda que uma família nunca é composta por grupos de espíritos amigos. São grupos de espíritos, em sua maioria, que reencarnaram juntos para resgates cármicos.

"Sempre que é permitido, reencarna junto um mediador, um espírito compromissado com todos os envolvidos.

"Portanto, aproveite sempre as oportunidades e os momentos que você tem ao lado desses espíritos para pedir perdão por traumas causados em encarnações pretéritas e agradeça sempre ao mediador. Afinal, ele é o verdadeiro amigo de todas as horas...

"É sempre oportunidade, e nunca castigo. Tenha isso em mente e toda dificuldade familiar se finda.

"A encarnação é prova laboratorial para todos os envolvidos.

"A marcha evolutiva é cansativa e, por vezes, incompreensível. Mas tenha a certeza de que tudo o que você está vivendo foi preteritamente ajustado com você, porque Ele é justo e você sempre será Seu objetivo.

"A Criação nunca está desassistida.

"Apoie suas dores no médico dos médicos e tudo estará em harmonia.

"O que você está vivendo hoje é só um momento, um instante diante da eternidade que tem pela frente.

"A solução não está em fugir das suas dores... A solução é persistir no aprendizado e na transformação.

"Creia que as respostas estão ao seu dispor, no tempo certo de aprendizado.

"Não se ensina matemática sem antes conhecer os números...

"Sobre os momentos de solidão, tenho algo a lhe dizer..."

– Pois diga. Estamos extasiados com seus ensinamentos.

– Quando você aprende a abraçar a solidão, é difícil se entusiasmar novamente com qualquer pessoa... Você fica mais seletivo.

“Você aprende a valorizar mais a si mesmo e sua própria companhia.

“Aprende a lidar com seus pensamentos e, nesse momento, você percebe que não precisa estar ao lado de alguém para ser feliz.

“Essa tarefa é somente sua...

“Isso torna você uma pessoa que aprendeu a se valorizar.

“Valorize-se sempre.

“Nunca se desespere. Às vezes, você só precisa mudar a direção que está dando à sua vida.

“Nada merece tirar sua paz, seu sossego e sua felicidade.”

– Isso acontece comigo.

– O que acontece com você?

– Aprendi a valorizar o que acredito, o que vivo e o que experimento ao lado de vocês.

“Aprendi a não me deixar ir pelo que os outros dizem ou pensam sobre mim.

“Tenho minha fé, minha religião. Não é egoísmo nem, muito menos, me acho superior às religiões. Só acho que elas estão muito distantes da realidade que vivo ao lado de vocês todos os dias.

“Vocês me ensinam o amor. Vocês me ensinam a viver,

me compreendem e nunca me orientaram a pensar ou fazer qualquer coisa que esteja fora dos ensinamentos evangélicos de Jesus.

"Digo sempre para as pessoas que eu não sou espírita, não sou evangélico, não sou crente e não tenho religião definida.

"Minha religião é o que vivo ao lado dos meus mentores e dos espíritos que sempre estiveram presentes em minha vida.

"Não dá para viver religiosamente o que os outros acham se tenho minhas próprias experiências. E elas são muito reais para achar que não são verdadeiras.

"Sinceramente, acho que religião é para quem acredita no pecado. Eu não acredito em pecados; acredito em erros, que todos cometemos, por nossa ignorância espiritual.

"Somos muito imperfeitos...

"Não somos capazes sequer de compreender as mensagens trazidas por vocês.

"Eu mesmo já escrevi mais de 60 livros. Já psicografei milhares de frases, mensagens e textos. E tenho, às vezes, que insistir para que alguém leia e acredite.

"O Espiritismo foi onde eu me encontrei com o que vivia desde menino. Os espíritos responderam quase todas as minhas questões íntimas e pessoais. Mas isso ainda não me preencheu totalmente.

"Acho que preciso expiar. Preciso experimentar, estudar e absorver outras ideias, outros ensinamentos, outros pensamentos, outras possibilidades...

"Acho que todos deveriam estar nessa busca.

"Perdoe-me se estiver errado, mas não me considero espírita. Sou um pensador das experiências que vivo ao lado dos espíritos. Essa é a melhor definição para o que sou religiosamente neste momento."

– Admiro o seu pensar – disse ele.

– Obrigado.

– Posso lhe dar um conselho, Osmar?

– Olhe, você nem precisa me perguntar isso, Marcos. Pode dizer o que quiser. Eu jamais recusarei uma palavra ou um ensinamento vindo de você.

– Obrigado. Então, quero lhe dizer uma coisa...

– Sou seu lápis.

– Não desperdice seu tempo debatendo tudo o que você experimenta ao nosso lado. Não perca seu tempo absorvendo as críticas que lhe farão. Muitas vezes, aqueles que falam mal de você o fazem por ignorância, e não por maledicência. Sendo assim, ignorá-los é um gesto de sabedoria.

"Tentarão desacreditar seu trabalho, sua mediunidade, seus mentores e tudo o que você, por amor e bondade, faz...

"Não dê ouvidos a essas pessoas. Cada espírito encarnado está cumprindo sua tarefa evolutiva e muitos deles nem sequer entendem que são espíritos expiando...

"Tenha consciência de que a sua tranquilidade só será alcançada quando você parar de pensar sobre as coisas que estão além do seu controle.

"Todos os dias, ao acordar, agradeça pelo privilégio de estar vivo.

"Hoje você tem poder sobre o que você pensa, e não sobre os acontecimentos ao seu redor.

"Exercite essa forma de viver e você encontrará força interior.

"O melhor modo de se vingar de alguém que o fere e fala mal de você é não se assemelhar a ele.

"A maioria das coisas que você faz ou diz não são necessárias. Aprenda a eliminá-las da sua vida. Assim, você conseguirá viver com mais tranquilidade e terá uma vida mais serena.

"O primeiro passo para a sabedoria é o silêncio. O segundo é saber ouvir; o terceiro, lembrar; o quarto, praticar; o quinto, ensinar aos outros tudo o que o torna uma pessoa melhor. Somente isso é necessário.

"Não seja um tagarela do que experimenta ao nosso lado. Muitos daqueles que convivem com você não estão preparados para ouvir...

"Saiba que seguir em frente é a parte mais importante da sua encarnação. Todos devem superar os obstáculos e seguir em frente, pois o inimaginável se tornará realidade ao deixar a encarnação.

"Não diminua ninguém achando que sabe mais que o outro. Sua experiência é pessoal. Interiorize-a em silêncio.

"E, por fim, quando alguém disser que você está errado, cale-se, porque ainda não soube convencer.

"A missão espiritual é para os fortes. É sempre para os escolhidos, e isso basta..."

– Obrigado, meu nobre instrutor.

– Para encerrar, eu gostaria de lhe dizer uma coisa – disse Nina, entrando em nossa conversa.

– Diga, minha querida mentora.

– Sempre terá alguém que não conseguirá ver o seu valor.

– Sei disso, querida mentora.

– Só lhe peço que não deixe que esse alguém seja você.

Emocionado, chorei... Foi quando recebi um abraço de Nina e Marcos.

Deixei aquele núcleo espiritual emocionado e muito feliz por ser escolhido pelos amigos da Colônia Espiritual Amor e Caridade.

Obrigado, Deus, por tudo...

Fim

“

Não julgueis, para que não sejais julgados…

”

Jesus

Nota do autor

Se você, que está lendo este livro, se identificou com algumas das situações relatadas aqui pelos espíritos amigos, saiba que é importante procurar ajuda para que, assim, você possa se recuperar o mais brevemente possível, ter prazer de viver e se curar do que lhe faz tanto mal.

Nunca se esqueça de que você é muito importante para Deus e que, com certeza, tem em si o que precisa para superar esse grande problema. Confie, conte com o apoio daqueles que o amam e, em breve, você terá ainda mais motivos para sorrir.

Não tenho medo de falar e pedir ajuda. Há muitas pessoas preparadas e capacitadas para ajudá-lo.

Somos espíritos eternos, e nada que você faça para deixar a vida curará a dor que atormenta seus pensamentos e seu coração.

Não deixe de procurar ajuda espiritual em uma casa espírita séria e recomendada por pessoas igualmente sérias, pois, infelizmente, há muitas pessoas equivocadas no exercício da caridade e despreparadas para esse tipo de auxílio.

Procure por hospitais espirituais ou núcleos de socorro espiritual. É o que recomendamos.

No mais, desejo sinceramente que as orientações trazidas neste livro possam ajudá-lo e fazê-lo uma pessoa muito feliz.

Obrigado.

Osmar Barbosa

“

Dedico este livro a você que chegou até aqui e que, através desta psicografia, tomou a decisão de mudar.

”

Osmar Barbosa

Outtros títulos lançados por Osmar Barbosa

Conheça outros livros psicografados por Osmar Barbosa. Procure nas melhores livrarias do ramo ou pelos sites de vendas na internet.

Acesse

www.bookespirita.com.br

www.compralivro.com.br

Cinco Dias no Umbral
OSMAR BARBOSA

O Guardião da Luz
OSMAR BARBOSA

OSMAR BARBOSA
ANTES QUE A MORTE NOS SEPARE

COLÔNIA ESPIRITUAL AMOR & CARIDADE
OSMAR BARBOSA

pelo Espírito NINA BRESTONINI
ONDAS da Vida
OSMAR BARBOSA

A BATALHA DOS ILUMINADOS
OSMAR BARBOSA

JOANA D'ARC
O AMOR VENCEU
OSMAR BARBOSA

OSMAR BARBOSA
ALÉM DO SER
A História de um Suicida

OSMAR BARBOSA
EU SOU EXU

Osmar Barbosa
Pelo espírito Daniel
Orai & Vigiai

500 almas
OSMAR BARBOSA

OSMAR BARBOSA
Gitano
AS VIDAS DO CIGANO RODRIGO

O Amanhã
nos Pertence
OSMAR BARBOSA

Mãe,
voltei!
OSMAR BARBOSA
PELO ESPÍRITO NINA BRESTONINI

Entre Nossas
Vidas
OSMAR
BARBOSA
PELO ESPÍRITO DE NINA BRESTONINI

O Lado
Azul da
Vida
OSMAR
BARBOSA

OSMAR
BARBOSA
DEPOIS...

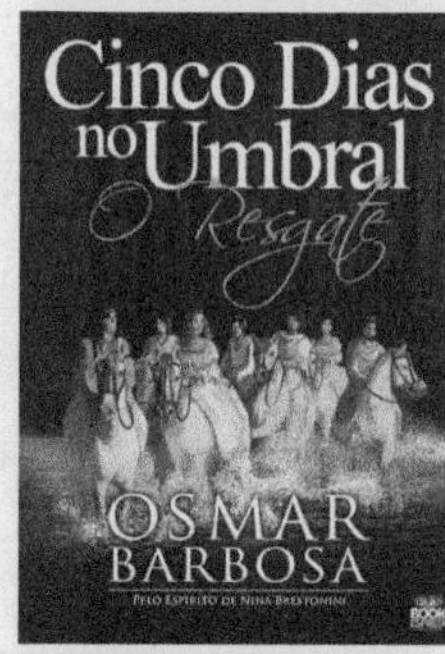
Cinco Dias
no Umbral
O Resgate
OSMAR
BARBOSA
PELO ESPÍRITO DE NINA BRESTONINI

O
LADO
OCULTO
DA
VIDA
OSMAR
BARBOSA
PELO ESPÍRITO DE DANIEL

Entrevista
com
Espíritos
Os Bastidores do Centro Espírita
por
OSMAR
BARBOSA

VINDE A MIM
O Evangelho no Lar
OSMAR
BARBOSA

COLÔNIA ESPIRITUAL
AMOR & CARIDADE
Dias de Luz
OSMAR
BARBOSA

OSMAR
BARBOSA
PELO ESPÍRITO DE LUCAS
Amigo
Fiel

IMPUROS
A Legião de Exus
OSMAR
BARBOSA
PELO ESPÍRITO DE LUCAS

O Médico de
DEUS
OSMAR
BARBOSA

AUTISMO
A ESCOLHA DE NICOLAS
OSMAR
BARBOSA

OSMAR
BARBOSA
Cinco Dias
no Umbral
O Perdão

UMBANDA
PARA
INICIANTES
OSMAR
BARBOSA

OSMAR BARBOSA
PARAFRASEANDO
CHICO
XAVIER
Seleção das mais belas frases
de Chico Xavier

OBSESSOR
OSMAR BARBOSA

Acordei no
OSMAR
BARBOSA

ROMANCE ESPÍRITA
A ROSA
DO CAIRO
OSMAR
BARBOSA
PELO ESPÍRITO DE NINA BRESTONINI

REGENERAÇÃO
UMA
NOVA
ERA
OSMAR BARBOSA

NINA BRESTONINI
DEIXE-ME
Nascer
OSMAR BARBOSA

A
Vida
depois da
Morte
OSMAR BARBOSA

DEAMETRIA
HOSPITAL AMOR & CARIDADE
OSMAR BARBOSA

DEAMETRIA
A Desobsessão Modernizada
OSMAR BARBOSA

O SUICÍDIO DE ANA
OSMAR BARBOSA

ACONTECEU NO UMBRAL
OSMAR BARBOSA

GUARDIÃO
EXU
OSMAR BARBOSA

Cinco Dias no Umbral
OSMAR BARBOSA

SUPERIOR TRIBUNAL ESPIRITUAL
A JUSTIÇA DIVINA
OSMAR BARBOSA
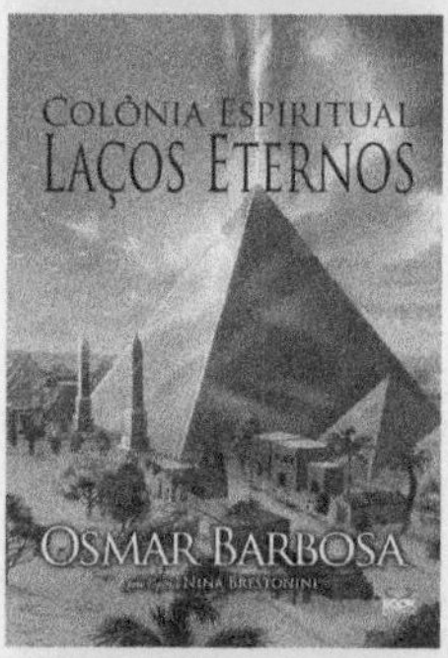
COLÔNIA ESPIRITUAL
LAÇOS ETERNOS
OSMAR BARBOSA

DESPERTANDO
o
Espiritual
com
OSMAR BARBOSA

UM ESPÍRITA NO UMBRAL
OSMAR BARBOSA

OSMAR BARBOSA
O DIÁRIO de um SUICIDA

Por que VOCÊ MORREU?
OSMAR BARBOSA

MENSAGENS DIÁRIAS COM
OSMAR BARBOSA
Dica do Dia

EXILADOS DO
PLANETA TERRA
OSMAR BARBOSA

BEM VINDO AO UMBRAL
OSMAR BARBOSA

OSMAR BARBOSA
O Diário de um MORTO

OSMAR BARBOSA
A GAROTA DO BALÃO

O OUTRO LADO DA VIDA
OSMAR BARBOSA

OSMAR BARBOSA
Um Obsessor no Centro Espírita

ORIENTAÇÕES DO Além
OSMAR BARBOSA

TEMPO PERDIDO
OSMAR BARBOSA

O LIVRO PROIBIDO
OSMAR BARBOSA

DEPRESSÃO
A VIDA SEM MIM
OSMAR BARBOSA

HOSPITAL AMOR E CARIDADE
Obreiros do Bem
OSMAR BARBOSA

BOOK ESPÍRITA
EDITORA

Esta obra foi composta
na fonte Century751
No2 BT, corpo 13.
Rio de Janeiro, Brasil.